少年愛讀世界史

5 中古史 II

十字軍東征的時代

管家琪——著

為什麼我們要讀世界史？

管家琪

也許你會遇上這樣一個朋友：她特別好強，成績一直名列前茅，對自己和周圍的人都有些苛刻，可是對小動物和大自然卻有著純粹的愛心。也許你會好奇，她的家是什麼樣子？她的爸爸媽媽是做什麼的？又是怎麼教育她的？為什麼她會在如此熱愛大自然的同時，對人似乎總是不大友善。

也許你又遇上另一個朋友：他比較文靜，平時很少主動說話，下課時間總是趴在桌上睡覺，你知道他住得挺遠，放學後總是一個人坐著公車離開。也許你會好奇，為什麼他會到這麼遠的地方來上學？當初這是他爸爸媽媽還是他自己的意思？現在他們全家又是怎麼看待這個決定？

也許你還遇上一個朋友：她為人隨和，很少和大家在一起哄鬧，也很少有什麼強烈的意見，從來不會刻意要求什麼，身邊總有幾個朋友，但是真正算得上深交的好像又沒幾個。也許你會好奇，她的過去是什麼樣子？在她的成長之路上有沒有發生過什麼特別的事？為什麼她似乎總是很難真正對別人敞開心扉，似乎總是與人保持著一定的距離？

如果我們不了解一個人的成長背景，包括生活的經歷，便無法明白一個人為什麼會成為現在這個模樣。單獨一個人是如此，由許多人所組成的社會、民族、國家，以及文明，也是如此。

這個世界在我們到來之前，已經存在了很長很長的時間。各個民族與文化，在不同的地理環境中，自然而然的成長，經歷過不同的世事變遷，孕育著他們各自對世界的理解，然後漸漸成為我們今天所認識的各個國家。過去的人，他們所經歷的過去事，透過文物證據與文獻記載所留下的寶貴資料，再經由後人的發掘、考證與解讀，就成了我們今天所看到的歷史。

總之，如果不了解歷史，我們便無法明白世界為什麼會成為現在這個模樣；而如果不了解世界現在的模樣，我們便難以給這個世界塑造一個更理想的未來。

這套【少年愛讀世界史】所講述的範圍是整個世界，而不是某一個地區、民族或國家。在西元二十世紀六十年代以前，以個別民族國家作為歷史研究的單元（比如說中國史、英國史、法國史等等），一直被認為是最合適的方式，那麼，為什麼現在我們需要從整體世界的角度來講述歷史呢？

這是因為到了二十一世紀，我們需要一個全球化的視角與觀點。隨著時代的變化，尤其是網路的發展與全球性移民不再是特殊現象以後，人與人之間的交流益發頻繁。現代的居民、不管是住在哪裡的居民，也比過去更容易在生活中遇見與自己截然不同歷史文化背景的鄰居。過去在很長一段時間之內，用來區隔人與人的民族、國家等社會學的邊界概念已逐漸被沖淡，一個嶄新的、以全人類為背景的人類文化正在逐漸形成。

同時，與二十世紀末一派樂觀的地球村情緒不同，二十一世紀的我們，正面臨著全球化在城市與鄉鎮發展極為不平均的困境。在當今保守主義的右傾與排外思潮的崛起下，如何平衡多元文化與傳統文化的衝突，也是二十一世紀世界史所需要思考的問題。

所以我們應該讀世界史，而且需要有系統的、順著時間脈絡來讀世界史。

這就是這套【少年愛讀世界史】的特色，這套書側重西洋史，但也會不時呼應、對照同一時期的中國史；這套書注重時間感，也注重人物，因為歷史本來就是「人的故事」，而且注重從多角度來呈現一件件重要的史實。

最後，感謝字畝文化，讓我有機會來做這樣一個極有意義的工作。也感謝老友伯理，給了我極大的協助，讓我能順利完成這套世界史。

目次

第七章

來自中國的貢獻與威脅

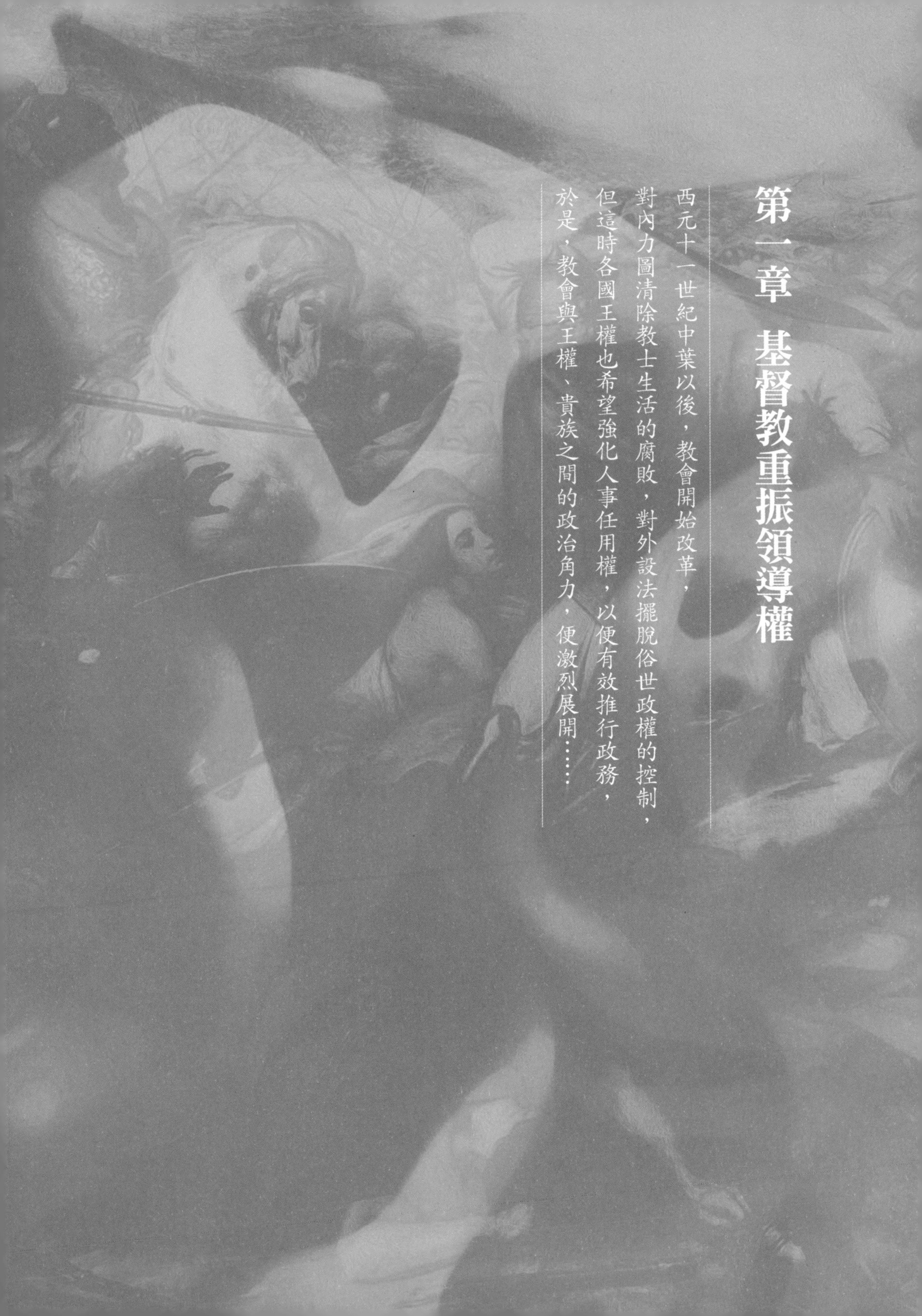

第一章　基督教重振領導權

西元十一世紀中葉以後，教會開始改革，
對內力圖清除教士生活的腐敗，對外設法擺脫俗世政權的控制，
但這時各國王權也希望強化人事任用權，以便有效推行政務，
於是，教會與王權、貴族之間的政治角力，便激烈展開……

在卷四，我們講述了五百多年的「中古世紀初期」（大約從西元五世紀末至十一世紀中葉），那是中古文明的奠定時期。而在這一卷當中，我們主要將講述「中古世紀盛期」的兩百多年歷史（大約從西元十一世紀中葉至十三世紀末葉）。

首先在第一章要了解的，就是基督教是如何重振了領導權，這樣我們才能比較清楚的認識第二章所要講述的「十字軍運動」。

1 教會推動改革

自從西元九世紀初查理曼大帝過世後，教會的領導地位就面臨多方面的挑戰，而當教會在封建化之後，產生了不少流弊，其中「神職交易」和「教士結婚」，是最大的問題。這兩大問題，前者比較容易解決，因為它明顯是非法的，所以在西元第十一世紀中葉，當教會展開革新運動後，以金錢來買賣神職的陋習就逐漸被摒棄乃至絕跡。

但「教士結婚」的問題，就沒那麼好處理。由於法律並沒有明文規定教士不可以結婚，所以在初期的教會裡，教士幾乎都有自己的家庭。而結了婚的教士，自然會想要照顧家庭。這麼一來，不僅教會的財產經常被分割為**采邑**，教會的高

采邑——我們在卷四中提到過，封建政治的基礎就是土地，有了土地，才可能有封建政治，這些土地的封建術語就稱為「采邑」。

等職位也往往被視為遺產，由教士的兒子來繼承。凡此種種現象，都受到教會革新派的抨擊與反對。

西元十一世紀中葉，教會人士取得了共識，一致認為教會有革新的必要。西元一〇四九年，四十七歲的利奧九世（西元一〇〇二～一〇五四年）一擔任羅馬教宗後，便積極重振紀律。他不辭勞苦，東奔西走，到處召集教務會議，希望杜絕神職交易和教士結婚的現象。這是一百多年以來，頭一回羅馬教宗直接負起了領導的責任，以重新樹立教士生活紀律做為教會改革的起步。

教宗利奧九世，上任後積極改革教會。

然而，這樣急切的改革（下令所有合法結婚的教士必須即刻把妻子休掉，否則他們的妻子將一律變成「情婦」、子女變成「私生」等等），不免引起許多教士的激烈反抗，甚至在米蘭還因此發生了暴動。

利奧九世僅在位五年（西元一〇四九～一〇五四年），但在他推行教會革新的過程中，發生了一件影響深遠的事，那就是東西教會的分裂，羅馬教會失去了東方，稱為「公教」，希臘方面則稱為「正教」，所謂的「基督教世界」從此四分五裂。

當利奧九世一過世，羅馬教會不顧日耳曼皇帝與羅馬貴族可能會有的反對，逕自進行教宗選舉。結果，羅馬貴族果然不服，並支持別的教宗人選。

經過一番政治角力、而且消耗掉幾位任期短暫的教宗之後，終於在西元一〇五九年，選出六十八歲的尼古拉斯二世（西元九九一～一〇六一年）擔任教宗。同年，尼古拉斯二世便公布了「選舉教宗條例」，建立了選舉教宗的法制，恢復了早期「民選」的習慣，使教宗的選舉權回到羅馬城教士和教民的手中，並使外來的政治力量今後不得再干涉羅馬教宗的選舉。

教宗尼古拉斯二世，他建立了教宗選舉的法制。

不過，尼古拉斯二世雖然恢復了古代教宗「民選」的精神，同時卻也建立了一個新的、具有爭議的選舉方式，那就是用「樞機」來代替羅馬城的教士和教民。所謂「樞機」，原來是指一個教區的重要教士，包括主教、神父和輔祭三個階級，現在尼古拉斯二世將選舉羅馬教宗的權利賦予樞機，樞機遂成為一個特殊的法定機構。而「樞機團」的成員，包括有七位主教、二十八位神父和十八位輔祭。

但因為這時候還沒有「票票等值」的觀念，使得一位樞機主教的票可能抵得上幾位樞機神父和樞機輔祭的票，於是就經常發生糾紛。

尼古拉斯二世在位僅僅兩年就辭世，西元一〇六一年繼位的教宗亞歷山大二世，就是按照尼古拉斯二世設立的「選舉教宗條例」所選出來的，但是因為遭到日耳曼當局的反對，三年之後才受到日耳曼當局的承認。就結果來看，這是尼古拉斯二世「選舉教宗條例」的首次獲勝。

亞歷山大二世在位十二年（西元一〇六一～一〇七三年），他秉持利奧九世以來的政策，繼續積極推行教會改革。等到了亞歷山大二世的繼承人教宗格列哥里七世時，教廷與俗世王權（也就是日耳曼王亨利四世）發生了嚴重的衝突，這是中古時代政教衝突的最高潮。

亞歷山大二世是依照選舉條例所選出來的教宗。

2 教宗與日耳曼王的衝突

從西元十一世紀中葉展開的教會革新運動，目標很明確，就是對內積極清除教士生活的腐敗，對外努力擺脫政治權力對教會的控制。在這一改革運動中，格列哥里七世（西元一〇二〇～一〇八五年）是一位中心人物，因此通稱「格列哥里改革」，

格列哥里七世對內清除教士生活的腐敗，對外則擺脫俗世王權對教會的控制。

又因為格列哥里七世的俗名叫做希爾德布朗，所以後世也將這個時代稱為「希爾德布朗時代」，由此可見格列哥里七世的重要。

教宗格列哥里七世出生於義大利托斯卡尼地區的少諾城，年少時赴羅馬，就讀於聖瑪利亞修道院。他年紀輕輕就已進入羅馬教會的核心，早在利奧九世從日耳曼到羅馬就職時，他是隨員之一，不久又受命為羅馬教會助理輔祭，在尼古拉斯二世時升為總輔祭，是羅馬教會最具影響力的人物。

西元一〇七三年，當教宗亞歷山大二世過世時，格列哥里七世在眾望所歸的情形之下被選為新教宗。後世學者推定，從西元一〇五〇年、也就是格列哥里七世三十歲以後，他就是羅馬教會的實際統治人物。可以說，從利奧九世以後，歷代教宗的改革都是出自格列哥里七世的策畫。

格列哥里七世是歷代教宗中最傑出的人物之一，他在位十二年（西元一〇七三～一〇八五年），為了使教會擺脫日耳曼的控制，他與日耳曼羅馬帝國的皇帝亨利四世（西元一〇五〇～一一〇六年）進行了長期的對抗。

亨利四世即位時，年僅六歲，起初由

格列哥里七世是歷代教宗中最傑出的人物之一，此圖出自 11 世紀的手稿。

他的母后聽政。有些後世學者認為他大概是從小見慣了宮廷鬥爭，一方面養成了反復無常、多疑急躁的性格，另一方面也很早就體認到日耳曼迫切需要一個強有力的政府。西元一〇六九年，十九歲的亨利四世親政以後，就籌謀著要建立一個穩定的王權，來削弱諸侯的勢力。

首先，他將薩克遜南部（位於今天德國東邊）一塊土地據為己有，做為王畿之用；這裡地處日耳曼的中心，又有豐富的銀礦，條件相當好。此外，他又大量任用出身卑微的侍臣來取代貴族和教士，建立官僚制度。

就伸張王權的目標來看，亨利四世的做法沒有什麼不對，只是操之過急，以至於引起貴族和教士普遍且強烈的反對。因此，當薩克遜人叛變時，亨利四世竟然得不到絲毫來自貴族和教士的支持。無奈之餘，亨利四世在西元一〇七三年只

日耳曼的羅馬帝國皇帝亨利四世親政以後，計畫要建立一個有力的王權。

得致書給新任的教宗格列哥里七世，向其認罪，並請求援助。

不巧，這時格列哥里七世剛剛就職，正準備要推行教會內部各項改革，所以並沒有滿足亨利四世的請求。一般認為，這大概就是亨利四世對教宗格列哥里七世心懷不滿的開始。

另一方面，格列哥里七世的改革也同樣過於急切。翌年，格列哥里七世召開即位後的第一次教務會議，在重申關於神職交易和教士結婚的禁令之後，竟下令禁令立刻生效，不給大家任何緩衝的時間。又過了一年，格列哥里七世不僅明令禁止國王今後再授主教的職位，還取消了所有俗人授予教職的權利。於是，中古世紀最激烈的一場政教之爭——羅馬教宗與日耳曼皇帝之間的戰爭——就此正式拉開了序幕。

其實格列哥里七世的目的只是想要改革教會，因此只要各個王公顯要沒有公開違反原則，原本他也不打算過於嚴苛執行禁令。但「俗人授職」不只是宗教問題，同時也是政治、經濟和社會問題，尤其日耳曼的情況又比較複雜，主教、院長等高級教士正是皇帝用來對抗貴族的主力，格列哥里七世這項禁令對於亨利四世來說，等於是要俗世王權放棄針對高級官員的任命權，亨利四世自然不肯接受。

西元一〇七六年，這一年真是高潮起伏；一月下旬，亨利四世展開反擊，召集沃姆斯會議，與會的都是日耳曼的主教們，會議中決定，由亨利四世本人及各主教分別致書聲討格列哥里七世，把他稱作「假教宗」、「假修士」，逼他退位。

格列哥里七世的回應非常果斷和迅速，不到一個月就召開教務會議，在會議中通過罷免亨利四世，而且把所有參與沃姆斯會議的主教，以及所有擁護亨利四世的教士與教民，也一律開除教籍。格列哥里七世還致書日耳曼全體人民，說明這整個事件的經過。

這可真是一件非同小可的大事。表面上看來，格列哥里七世只是開除了亨利四世的教籍，實際上卻是間接剝奪了他的政權，因為在當時這樣一個基督教社會裡，一個失去了教徒身分的人，自然也就不能再統治基督教共和國的人民。所以，自從罷免令一公布，不僅日耳曼貴族紛紛叛變，就連過去支持亨利四世的主教也紛紛離他而去。

為了挽救這極為不利的局面，亨利四世在四月（或五月）再度於沃姆斯召開帝國會議。八月，格列哥里七世致書一位主教，解釋神權和王權的關係。至此可以看出，格列哥里七世與亨利四世之間的爭執，已不再只是「俗人授職」的問題，關鍵是神權與王權的孰高孰低、孰輕孰重。

到了十月，為了響應格列哥里七世的呼籲，日耳曼貴族於萊茵河畔的奧本漢集會，亨利四世也受邀參加。大會決議，只要亨利四世能在指定的時間之內表明立場，公開悔過，就可以獲得教宗的赦免，既往不咎，否則就將另外推選日耳曼王。亨利四世見大勢已去，就表示服從教宗，並立刻取消一切反格列哥里七世的命令。

這年冬天，亨利四世與幾名隨從長途跋涉越過阿爾卑斯山來到卡諾沙。二十六歲的亨利四世穿著罪人贖罪的粗衣，光著頭、赤著腳，站在雪地裡懇請五十六歲的教宗格列哥里七世的赦免。史稱「卡諾沙事件」。這是歐洲史上的一件大事，意味著俗世政權向教權屈服，至少是在表面上。然而，許多後世學者又認為，從後來的歷史發展看來，其實亨利四世才是真正的勝利者。

卡諾沙事件意味著俗世政權向教權屈服。

儘管「卡諾莎事件」似乎暫時解除了亨利四世的危機，卻沒能解決日耳曼長期以來貴族跋扈的政治問題。翌年三月，日耳曼貴族再度集會，會中不顧教宗代表的反對，執意罷免亨利四世，另立新王，而且動作很快，幾天之後新王就加冕了。內戰於是興起。

與此同時，亨利四世從卡諾沙返回日耳曼以後，也不顧自己認錯時的誓言，

日耳曼的羅馬帝國皇帝亨利四世穿布衣，赤腳前往卡諾沙向教宗請罪，圖為 19 世紀畫作。

仍然繼續控制教士、干涉教會內政，還要求格列哥里七世開除日耳曼新王的教籍。

內戰開始以後，格列哥里七世就採取中立的姿態，這也讓亨利四世十分不滿，於是就益發做出種種損害教會革新的作為，在程度上還更甚於以往。在此情況下，四年前一度解決的政教衝突自然再起。西元一〇八〇年三月，教宗格列哥里七世在教務會議中，再度將亨利四世開除教籍，免除其王位，還正式承認另一邊由日耳曼貴族所推選出來的新王。

亨利四世當然不會乖乖就範，從四月至六月，他率領日耳曼主教先後在數地召開會議，強烈反擊格列哥里七世，到後來甚至也將格列哥里七世免職，另選一位新的羅馬主教。

接下來的幾個月，隨著日耳曼局勢的劇變，格列哥里七世的處境日益艱難。同年十月，日耳曼的新王受傷過世，隔年春天亨利四世就率軍入侵義大利，五月進逼羅馬城。經過四年的圍困戰，亨利四世終於在西元一〇八四年三月下旬攻下了羅馬，從他自己另立的新教宗手裡接受了皇冠。格列哥里七世則流亡至沙來諾（義大利南部），一年之後死在了那裡，享年六十五歲。

亨利四世則於西元一一〇六年過世，享年五十六歲，次子亨利五世（西元一

日耳曼皇帝亨利五世與教宗加利斯督二世，在西元 1122 年簽訂「沃姆斯協定」。

〇八一～一一二五年）繼位。這時的教宗加利斯督二世決心要對授職問題找出一個雙方都能接受的辦法，經過多方的研究和商討，終於在西元一一二二年簽訂了著名的「沃姆斯協定」。

根據這項協定，此後皇帝不干涉主教的選舉、不舉行授職禮中宗教部分的儀式，而教宗則准許所有主教選舉都必須在皇帝或其代表面前舉行，同時，被選出來的主教會以手觸碰皇帝權杖，以此方式做為將會執行俗權的象徵。

不過，「沃姆斯協定」雖然使羅馬教宗與日耳曼皇帝之間的衝突暫時告一段落，但俗人控制教會選舉的事，還要再過好幾百年才能得到合理的解決。

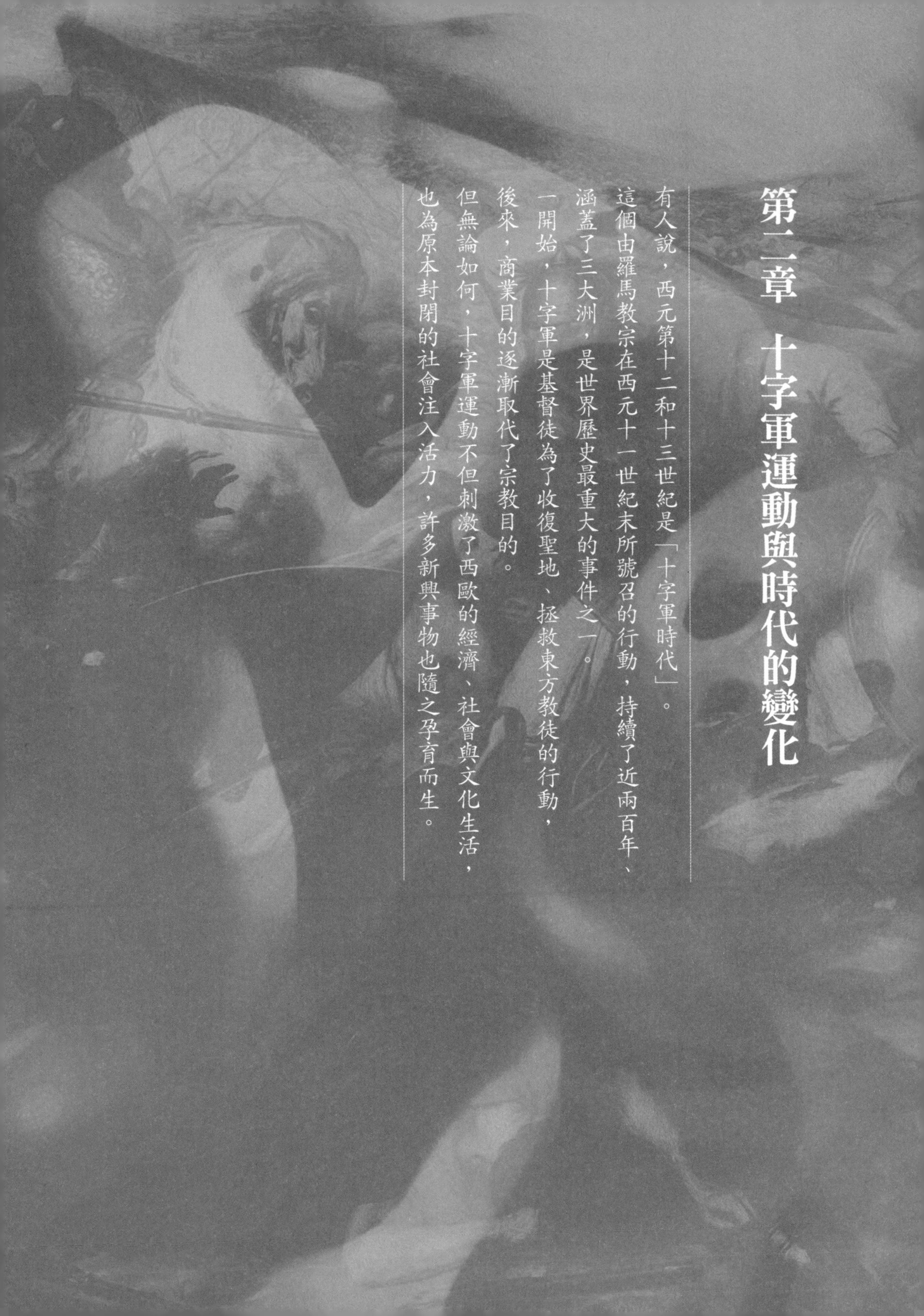

第二章 十字軍運動與時代的變化

有人說，西元第十二和十三世紀是「十字軍時代」。
這個由羅馬教宗在西元十一世紀末所號召的行動，持續了近兩百年、
涵蓋了三大洲，是世界歷史最重大的事件之一。
一開始，十字軍是基督徒為了收復聖地、拯救東方教徒的行動，
後來，商業目的逐漸取代了宗教目的。
但無論如何，十字軍運動不但刺激了西歐的經濟、社會與文化生活，
也為原本封閉的社會注入活力，許多新興事物也隨之孕育而生。

西元第十一世紀中葉以後，有兩件事最足以證明羅馬教會重振了領導權，一個是從西元一〇四九年由羅馬教宗利奧九世開展的教會革新運動，另一個就是由羅馬教宗烏爾班二世（西元一〇四二～一〇九九年）在西元一〇九五年號召的「十字軍運動」。

「十字軍運動」（The Crusades）的 Crusade 一詞，源自拉丁文中的「十字架」（crux），由於參加者都在外衣上縫繡基督的十字架做為標誌，所以被稱為「十字軍」。

「十字軍運動」持續了近兩個世紀，牽扯到三大洲，自然是世界歷史上的重大事件。西元第十二和十三世紀還曾有「十字軍時代」之稱。至於十字軍東征到底有幾次？後世史家並沒有一個統一的說法，有的說一共有八次，也有的說不止八次。

本章我們將先重點講述「十字軍時代」的成因，以及第一次十字軍東征，這是整個「十字軍運動」中唯一成功的一次軍事行動；接著我們要講述第二次以後的十

教宗烏爾班二世在法國南部的克萊蒙號召東征。

字軍東征；然後再以工商業與都市的復興為例，來介紹「十字軍運動」對時代的影響（雖然早在十字軍以前，西方商業和都市就已出現，但十字軍無疑加速了它們的發展，這是目前學界普遍公認的結論）。

1 第一次十字軍東征

一場能夠持續近兩百年的運動，必然有其特殊的背景因素以及堅定的動力。現在我們不妨就從這些背景因素來了解「十字軍運動」。

首先，我們要知道，十字軍的成員都是基督徒。十字軍東征，征伐的對象是誰？也就是，敵人是誰？答案當然是回教徒。可是，為什麼一群基督徒要聯手、大老遠的跑去征伐回教徒呢？這就是「十字軍運動」的遠因了。

◆十字軍運動的遠因

打從西元第三世紀開始，基督徒就有前往耶路撒冷等聖地去朝聖的習慣。在西元第七世紀回教興起以前，西歐及拜占庭的基督徒經常會前往耶路撒冷去朝聖，但等到回教勢力興起而且掌控了不少地方以後，基督徒的朝聖之路就充滿了各種險阻，一不小心就會丟了性命。

直到西元第八世紀下半葉至第九世紀初，查理曼大帝在位期間，因為他與阿拔斯王朝的哈里發相當友好，西方人到耶路撒冷朝聖變得比較容易，以至於在西元第十世紀，朝聖的風氣日益興盛。大家都深信，朝聖將大大有助於讓自己能夠得到聖寵。

可是到了西元第十一世紀，隨著塞爾柱土耳其人的崛起，西方人想要去耶路撒冷朝聖的心願又變得艱難起來；西元一〇五〇年左右，塞爾柱土耳其人在波斯建立了一個國家，二十年後他們大敗東羅馬帝國的軍隊，並且占領了絕大部分的小亞細亞，使該地區從基督教文化轉變為回教文化。同時，他們又征服了敘利亞與巴勒斯坦、攻占了耶路撒冷。由於他們對西歐基督教徒很不友善，西歐基督教徒的朝聖之路遂窒礙難行。

這便是激發「十字軍運動」極其重要的背景因素，可以說「十字軍運動」最基本的前提就是宗教因素。

當然，政治和經濟的因素必然也有，譬如西歐封建帝王和諸侯因私戰不休，而刻意鼓勵貴族和武士向東發展；英、法等國因實行長子繼承制度，有許多貴族的幼子就不免產生了要去東方建立功業的念頭；西元第十一世紀末，歐洲工商業漸漸復興，人口不斷增加，需要向外擴張和發展；塞爾柱土耳其人阻擋了國際貿易的通路，使得東方的香料、珠寶、絲綢不易進入西方市場……等等。以上這些也都是造成十字軍運動的因素。

十字軍運動的近因

「十字軍運動」的近因，則是拜占庭皇帝阿歷克塞一世（西元一〇四八～一一一八年）向羅馬教宗烏爾班二世求援，希望教宗出面協助他們對抗威脅君士坦丁堡的異教徒土耳其人。

其實早在進入西元第十一世紀、大約西元一〇〇〇年時，當時的羅馬教宗就已經有了「動員西方一起用武力收復耶路撒冷聖地」的想法，只是這位教宗不久就過世，這個想法自然就不了了之。我們在前一章中講述過的羅馬教宗格列哥里七世，倒是曾經計畫要正式組織遠征軍，可是他由於俗人授職問題所造成的政教糾紛，讓他直到辭世為止都疲於應

拜占庭皇帝阿歷克塞一世的畫像，出自希臘手稿，收藏於梵蒂岡宗座圖書館。

付日耳曼王亨利四世，因此他那遠征軍的計畫也沒能付諸行動。

到了教宗烏爾班二世在位時期，一方面政教衝突已暫告緩和，另一方面日耳曼王亨利四世受到國內叛軍的牽制，也無暇兼顧義大利，這都給了教宗一個很好的機會來展示他的影響力。

西元一〇九五年，烏爾班二世在克萊蒙（今法國南部）召開教務會議，推行宗教改革。這時，來自君士坦丁堡的使節適時抵達，向教宗請求援助，並向西方做出緊急呼籲，要求大家共同派軍援助、對抗塞爾柱土耳其人。

教宗遂下定決心要組織十字軍。教宗的理由十分明顯，當時，儘管日耳曼王亨利四世仍在激烈反抗羅馬教宗，但羅馬教宗的至尊權力在基督教世界已獲普遍的承認，擁有「一呼百諾」的實力，如今烏爾班二世若身居此一重大國際性運動的領導地位，無異於鄭重昭示世人，在基督教世界裡的真正元首是教宗，而非皇帝，更何況此舉對於擴張天主教會、吸收更多教友和資源，也是大有幫助的。

因此，烏爾班二世決心一定要掌握主導權，如此才能把握遠征軍行動的方向，避免局限在僅僅只是協助拜占庭帝國的層次。

烏爾班二世隨即發表了一篇慷慨激昂、撼動人心的演講，向與會的教、俗兩界都發出討伐回教徒的呼籲。他指出，西方人不應該再浪費血汗於私戰，而應該本著兄弟之愛，給予那些被異教徒欺凌的教友們援助。同時，烏爾班二世也不忘提及東方是一塊「奶與蜜」的土地，參加十字軍正是發財的大好機會。可以說，烏爾班二世是從各個方面來鼓舞在場人士，並向志願參加出征的人做出各種精神和物質利益的允諾。

果然，與會者都熱烈回應了烏爾班二世的號召，紛紛大呼「這是天主所願」，多數人當場便披帶了教宗所散發的表示宣誓從軍的布十字徽。緊接著，教宗又派遣許多宣道者，到處去宣傳十字軍，很快的，幾乎整個歐洲人民都積極投入了這場聲勢浩大的運動。

第一次十字軍運動的成果

第一次十字軍東征的時間是在西元一〇九五～一〇九九年，為期四年。

西元一〇九六年春，第一批響應烏爾班二世號召、大多來自法蘭西和日耳曼的「農民十字軍」向東推進。不過，他們雖被稱作「農民十字軍」，但裡頭的成員倒不一定都是農民，也有不少貧困的騎士和低階的教士。他們很多人都是舉家東遷，大有一種一去不回的氣慨。他們就這樣一邊宣道，一邊率眾東行，然後沿途吸引了更多的人加入，到最後，東征的隊伍大約達到兩、三萬人。

「農民十字軍」與拜占庭帝國原先期盼的西歐武士有很大的落差，一眼看上去簡直就像是難民。事實上，他們確實也只是未經軍事訓練的烏合之眾，其中甚至還有婦孺，僅僅是憑著一股宗教狂熱就想要收復聖地耶路撒冷。拜占庭帝國沒法拒絕他們的熱情，但他們的到來又令拜占庭的人民不勝其擾，於是，拜占庭政府在無奈之餘，只得將這些民軍移駐於小亞細亞的軍營，等待正規的十字軍。

可是，這些民軍對於這樣的安排十分不滿，他們急著想要恢復聖地，因此不聽勸告，堅持要繼續前行，結果他們前行之後遭遇土耳其人而被殺戮者不計其數，少數倖免於難者後來都參加了正規的十字軍，所謂「農民十字軍」就這麼無聲無息的消失了。

同年（西元一〇九六年）夏天，正規的十字軍終於來了。領導這支正規十字軍的，雖然沒有皇帝或國王，但仍有不少勇猛善戰的公侯以及大領主。他們一共三萬人，兵分三路，分道東進，在次年春天會師於君士坦丁堡。這回拜占庭帝國終於見到了軍容整齊、雄壯威武的西歐武士，真是大喜過望。

然而，十字軍一到君士坦丁堡，對於接下來該

阿歷克塞一世歡迎十字軍，圖出自19世紀專書。

最初響應東征的十字軍，成員多是農民、貧困的騎士和低階的教士。

如何行動，立刻就和拜占庭當局產生嚴重的歧見。拜占庭皇帝阿歷克塞一世所期望的是西方傭兵，來幫助他驅逐塞爾柱土耳其人，而十字軍的目的則是在征服耶路撒冷、收復聖地；此外，拜占庭堅持由自己這一方來擔任軍事統帥，要求十字軍要完全聽從拜占庭統帥的指揮，對此，十字軍也不願意，寧可自由行動。幾經協商，雙方終於獲得妥協，包括拜占庭許諾會提供十字軍所需的補給，十字軍則向拜占庭皇帝效忠等等。

而在統帥的人選上，也是大費周章才好不容易取得了共識。別說拜占庭本來就有自己的統帥人選，光是十字軍內部想要取得共識就已經很難了，因為他們雖然是正規軍，終究是臨時聚集的雜牌軍，眾將領之間彼此猜忌，互不信任，然而大家又都很明白，一旦上了戰場，就必須聽從統一號令、集體行動，方有制敵獲勝的可能。

等到這一切都協調妥當，已是西元一〇九七年五月。十字軍終於開始作戰，進軍小亞細亞，取尼西亞城，並在多里來昂（位於今土耳其西北部）大敗土耳其軍隊，拿下了安提亞克。

西元一〇九九年七月十三日，十字軍在經過一年多的圍攻之後，終於進入耶路撒冷。兩天後，城內守軍全部投降，但是接下來十字軍竟然展開一連數日的屠城，血流成河，尸骨堆積如山，慘不忍睹，給十字軍的歷史留下非常血腥和令人遺憾的一頁。

為了保護聖地和朝聖者，以及為了要照顧傷患，十字軍分別組成了「聖殿騎士團」和「醫院騎士團」。他們也在耶路撒冷建立了拉丁帝國，還在埃德薩（今土耳其境內）等地建立十字軍政權或拉丁政權。但是，這些都未能持久。

2 第二次以後的十字軍

在這一節中，我們要來了解一下第二次以後的十字軍運動。

第一次十字軍東征是在西元第十一世紀末（西元一〇九五年～一〇九九年），在往後一百年之間又發生了兩次東征，而從西元第十二至十三世紀之間則又發生了五次。一般討論十字軍都到第八次為止。第八次東征是發生在西元一二七〇年，這時已是十三世紀下半葉。

原本十字軍的主要目標就是收復聖地，但是歐洲人在西元第十三世紀以後，

為了保護聖地、朝聖者並照顧傷患，十字軍組成了「聖殿騎士團」和「醫院騎士團」，圖為聖殿騎士團的封印章。

對此目標就已失去熱情，到了十四和十五世紀，雖然羅馬教宗或是王公貴族仍然有過多次鼓吹，但均未成軍。

第二次和第三次十字軍東征

現在我們先回頭來看一下第二次和第三次的十字軍東征。

第二次東征為期兩年（西元一一四七～一一四九年），起因是他們之前在埃德薩建立的政權遭到回教徒攻擊而陷落。第二次東征的領軍人物層級很高，是日耳曼羅馬帝國皇帝康拉德三世（西元一〇九三～一一五二年）和法王路易七世（西元一一二一～一一八〇年），他們分別率軍進入小亞細亞，但因雙方不能合作，而被回教徒所擊敗。不過，在這一次東征中，十字軍有一個偶然的成就，那就是一支由法蘭德斯人、英格蘭人、斯堪的納維亞人和日耳曼人所組成的艦隊，在馳往敘利亞的途中，協助葡萄牙伯爵從回教徒的手中奪回了里斯本，里斯本後來成為葡萄牙王國的京都，在驅逐西班牙的回教勢力上有很大的作用。

第三次東征為期三年（西元一一八九～一一九二年），是所有十字軍運動中聲勢最為浩大的一次。起因是耶路撒冷在經過將近一個世紀的基督教統治之後，竟然再告陷落，又被回教徒給拿了回去。消息傳來，整個歐洲都為之嘩然，並且

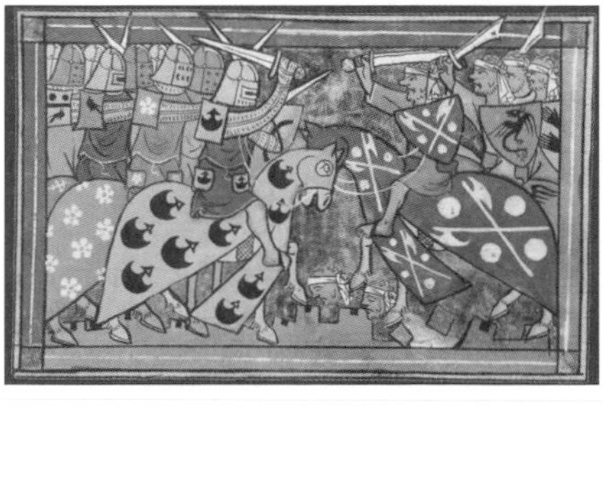

第二次東征起因是之前埃德薩被回教徒攻落。

十字軍第二次東征，因為內部不和，在伊那布戰役中被回教徒所擊敗，此圖出自 12 世紀。

十字軍第二次東征的成就是奪回里斯本，此圖描繪圍攻里斯本的情景。

人人義憤填膺，由此再度激發了一次新的十字軍熱潮。

這一次行動，當時羅馬天主教世界三位最為顯赫的君主都親自參與，分別率領他們的國人出征，分別是日耳曼的神聖羅馬帝國皇帝「紅鬍子」腓特烈一世（西元一一二二～一一九〇年）、法國國王腓力二世（西元一一六五～一二二三年）和英國國王「獅心王理查」（簡稱「獅心理查」，就是理查一世，西元一一五七～一一九九年）。

腓特烈一世最先出發，但還沒來得及抵達聖地，就在西里西亞（今土耳其南部）意外淹死了。他的大軍在驟失領袖之後，大部分都折返日耳曼，只有少數到達了巴勒斯坦。而另外的腓力二世與理查一世兩軍抵達之後，因為意見分歧，不能很好的合作，導致腓力二世不久也回國，只剩下英王理查一世繼續奮戰。

紅鬍子腓特烈一世的塑像。

腓特烈一世（中）和兩個兒子亨利六世（左）、腓特烈六世（右）。

理查一世與回教英雄薩拉丁（約西元一一三七～一一九三年）數度決戰，最後雖然沒能收復耶路撒冷，但至少回教方面同意，基督徒今後可以自由前來耶路撒冷朝聖，也算是有所成果。

第三次東征為後世留下不少膾炙人口的故事，譬如理查一世在出征時，攜未婚妻同行，艦隊在途中遇到暴風，有幾艘船隻被吹到塞浦路斯，被當地國王扣留，理查一世的未婚妻也被俘。理查一世聞訊，馬上率軍占領塞浦路斯，在將塞浦路斯轉

法王腓力二世的加冕圖。

交給聖殿騎士團之後再繼續啟程；戰後理查一世在返國途中，為了預防遭到暗算，特地喬裝打扮僅攜少數隨從，不料還是在奧地利被俘，不久又被轉交給日耳曼皇帝，後來是依照封建法律，付了大筆贖金才得以回國；還有就是理查一世與薩拉丁兩人英雄惜英雄，更是為後人所津津樂道：有一回當薩拉丁得知理查一世臥病，竟派遣使者送去藥物和補品，一時傳為佳話。

總之，理查一世正是因為在這次東征中所表現出來的勇敢和無私，使他獲得了「獅心理查」這樣的美稱。但是他在攻下亞克古城（今以色列北部）之後，僅僅因為對方沒有遵守換俘期限，就下令將三千名戰俘處死，也為十字軍運動平添了一個污點。

第三次東征還有一個重要的成績，那就是催生了「條頓騎士團」。在圍攻亞克期間，一些日耳曼騎士將船隻整修成醫院，用來照護十字軍傷兵，後來這個組

英格蘭國王理查一世，因為勇猛善戰，有「獅心理查」之稱。

薩拉丁的勇猛形象，圖出自 19 世紀著名的法國畫家杜雷。

織遷回歐洲，成為日耳曼向東開拓的主力，並征服了波羅的海北日耳曼地區。

此外，還有一件事也相當重要，那就是在東征之初，為了支持十字軍的行動，歐洲發起了全面捐款的活動，不僅羅馬教宗下令教士必須捐付特別稅，英王**亨利二世**還倡導了有名的「薩拉丁什一稅」，不久法王腓力二世跟進，也制定了同樣的捐稅。這樣的舉措，建立了「繳納稅款是人民義務」的觀念，對於日後國家賦稅制度的發展產生了極大的影響。

◆──第四次以後的十字軍東征

大體來說，前三次的十字軍運動都是充滿了宗教色彩的運動。儘管不可否認，這個運動從一開始就摻雜進了一些世俗的目的，但從羅

薩拉丁的畫像，繪於16世紀。

薩拉丁的畫像，繪於16世紀。

亨利二世──亨利二世是「獅心理查」的父親，在英國歷史上是一位非常重要的人物，我們在下一章中會介紹到他。亨利二世在十字軍出發之前不幸過世，因此才由次子「獅心理查」在即位之後率軍出征，這年「獅心理查」三十三歲。

第四次東征，十字軍攻入君士坦丁堡，背後策謀的威尼斯人，藉機奪取東羅馬帝國的政權。

馬教宗烏爾班二世最初所提倡的目標（恢復聖地、拯救東方教徒）來看，主要當然還是出於宗教動機，而當時響應烏爾班二世號召的人們，包括貴族和平民，即使多少有各自的理由，但大致也都還是受到了信仰的驅使，願意盡一己之力來光復耶穌埋葬地的聖墓和耶路撒冷，他們胸前所佩戴的十字架，象徵著這是一個光榮的使命。

進入西元第十三世紀以後，又陸續發生了好幾次十字軍東征（從第四次以後）。若對照第四次以後的十字軍，就更能凸顯前三次參加十字軍的人們，是懷抱著多麼崇高的宗教熱情。

就羅馬教宗的觀點，第三次十字軍雖然收復了亞克等沿海城池，但因戰後耶路撒冷仍在回教徒的手中，所以無疑是失敗的，因此當新的教宗一即位，立刻就又發動了新十字軍，然而此時西方各國君王都有各自的事，忙不過來，無暇響應教宗的號召，結果沒一個參加，直到西元一二〇一年、剛剛進入西元第十三世紀的時候，才終於有幾位強大的法蘭西和義大利領主響應了教宗的號召，這才又再次組織成了十字軍。

由於戰線頗長，為了避免前三次十字軍在運輸和補給上所遭遇的困難，這些領主特別遣使至義大利，想要找一些商人合作。

從第一次十字軍東征以來，義大利城邦譬如威尼斯、熱那亞、比薩等地的重要性就不斷升高。這些城邦都支持十字軍運動，其中固然有宗教目的，但經濟目的似乎愈來愈明顯，到最後甚至取代了宗教目的，第四次十字軍東征就是一個最明顯的例子。

這一次的行動，充分暴露出十字軍的組織不夠健全的弱點，這些十字軍儘管不算是烏合之眾，但經常會呈現出一種群龍無首、各自為政、組織散漫的狀態，結果竟然被義大利城邦所利用；威尼斯人是第四次十字軍東征真正的贏家，他們利用十字軍去攻打君士坦丁堡，奪取東羅馬帝國的政權，成立拉丁帝國，並且統治超過半個世紀（至西元一二六一年），直接把貿易地區擴張至東羅馬帝國的領土。

也就是說，這一次十字軍非但沒有向聖地進軍，居然還攻打一個基督教國家，如此荒腔走板簡直令人不敢相信，究其原因，就是由於組織不健全，才會受制於義大利城邦。

十字軍東征的影響

在將近兩個世紀當中，十字軍就算在東方征服了一些城池，但總是無法長久

醫院騎士團設立目的是為了保護基督教徒，圖為 1291 年醫院騎士團在保衛亞克古城時奮勇殺敵的景象。

保有統治。主要原因有兩個，一個是十字軍內部無法團結，另一個就是西方對於十字軍運動的支援難以為繼。教宗所發出的呼籲，漸漸喪失了效力，而有的十字軍（譬如第四次十字軍），則根本早就忘了十字軍的初衷，成了一群唯利是圖的傭兵。

更重要的是，十字軍的興起可以說是中古騎士精神的表現，而隨著時代的變化，一旦騎士精神在新的政治和新的社會裡逐漸喪失了原有的地位時，產生於中世紀盛期的十字軍運動，自然也就慢慢失去了吸引力。

十字軍東征對於推動歷史的進程到底有多大的影響？這個問題實在不易回答，因為從具體的結果來看，十字軍運動既未使基督教的東西教會復合，也未能恢復聖地。但如前所述，這麼一個歷時近兩百年、牽扯的幅員又如此廣闊的龐大運動，不可能沒有影響，至少對於西方歐洲的經濟、社會和文化生活的復興，一定都具有刺激的作用，使原本封閉的歐洲成為一個比較活潑的社會，一些新興事物也隨之孕育而生。

首先，十字軍運動確實讓東方與西方產生了大量的接觸。光是馬賽這一個地方，聖殿騎士團及醫院騎士團的船舶，每年就會運載六千名朝聖者往返。東西交通也促進了大家思想文化的交流，不僅來自西歐各地的武士，能藉著十字軍運動有機會共聚一處，互相學習，使騎士精神成為一種普遍的制度，同時，這些西方人也因為參與了十字軍運動，才有機會了解回教國家的制度與文化，進而擴大了視野。

其次，十字軍運動也加強了西歐與中東的商業貿易，由於遠地貿易付款與轉賬的需要，還促進了銀行業的興起。

當然，若要細數十字軍運動對後世的影響一定還不止這些，包括促使歐洲人地理知識的增進、航海業與造船工業的進步，以及我們在前面提過的為了支援十字軍東征的費用，各國君主開始向教士徵稅，無形之中有效提振了王權等等。

還有兩方面，也很值得我們注意：其一，西方基督教文明對於回教文明原本一直是採取守勢，十字軍運動則反守為攻，光是能夠勇於採取行動這一點，就已著實大大提升了他們的自信心；其二，由於十字軍運動，基督教勢力在西班牙得以重振。對西班牙而言，戰亂多事的時代已成過去，西元第十三世紀後他們即將加入歐洲歷史的主流，締造光榮的一頁。

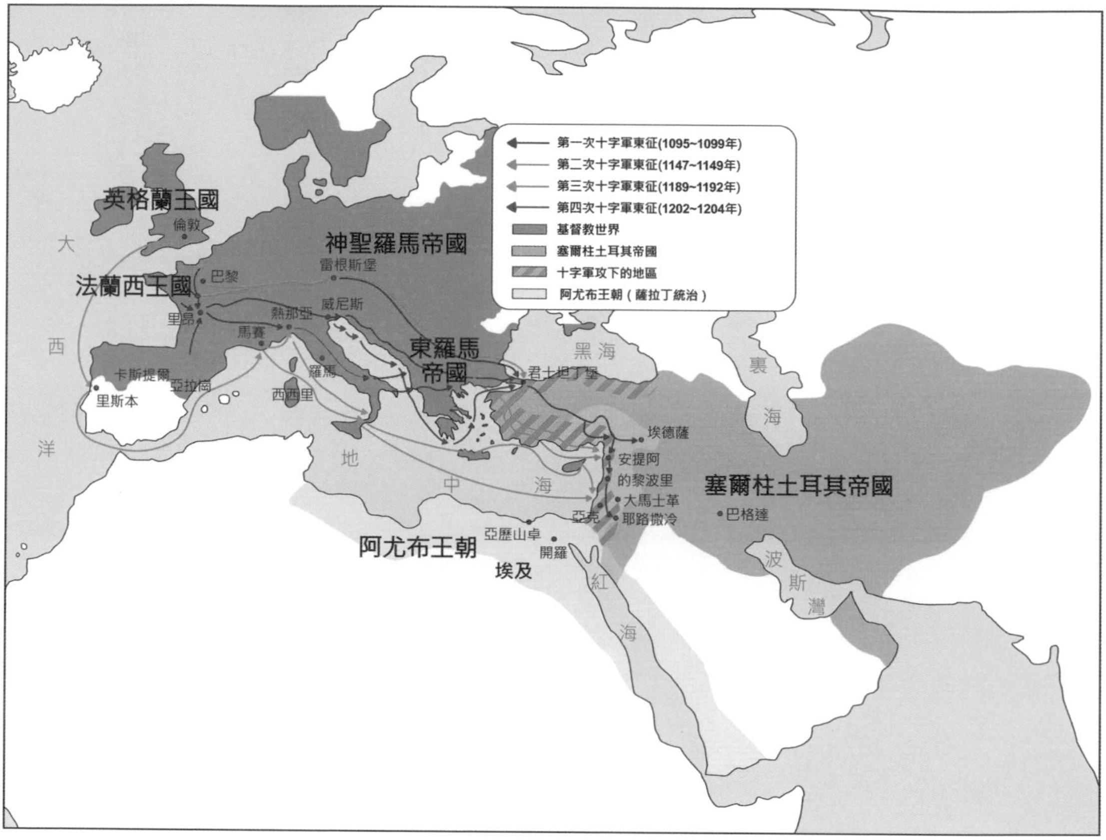
第一次十字軍東征(1095~1099年)
第二次十字軍東征(1147~1149年)
第三次十字軍東征(1189~1192年)
第四次十字軍東征(1202~1204年)
基督教世界
塞爾柱土耳其帝國
十字軍攻下的地區
阿尤布王朝（薩拉丁統治）
英格蘭王國
倫敦
大西洋
法蘭西王國
巴黎
里昂
神聖羅馬帝國
雷根斯堡
熱那亞
威尼斯
馬賽
卡斯提爾
亞拉岡
里斯本
羅馬
西西里
東羅馬帝國
黑海
君士坦丁堡
裏海
埃德薩
安提阿
的黎波里
大馬士革
亞克
耶路撒冷
巴格達
塞爾柱土耳其帝國
地中海
亞歷山卓
開羅
阿尤布王朝
埃及
紅海
波斯灣

四次十字軍東征地圖

3 工商業發展與都市復興

在中古早期，由於生產力的喪失和經濟的倒退，中古經濟成了一些學者所形容的「糊口經濟」。基本上，西歐是一個相當閉鎖的農業社會，而阿拉伯回教勢力牢牢控制地中海海上交通樞紐地帶的現實，也使得西歐商業益發停滯。

但是這一切到了西元第十一世紀以後，慢慢有了變化。

在兩百多年的中古盛期，我們不僅看到一次又一次的十字軍東征、看到封建制度和騎士精神的發展臻於巔峰，同時還可以看到歐洲歷史上最大一次的經濟、社會革命的萌芽。

首先是從西元一〇五〇～一二五〇年、也就是從西元第十一世紀中葉以後的兩百年間，農業有了很大的進展，包括農作地區明顯的轉移，從地中海地區轉向了北歐（也就是從英格蘭南部一直到烏拉山脈，廣大、潮濕而又非常肥沃的地區），以及農具的改良（譬如已經懂得如何使用重犁和水車）、農耕觀念的進步（譬如已經能夠應用廣種與深耕）等等。這麼一來，農產品的生產自然就比過去要穩定得多。

其次，是工商業與都市的復興。所有在後世歐洲影響巨大的城市，大多都是

13 世紀的英國地圖（倫敦位於圖下方，框線的位置）。

從西元第十一世紀開始漸漸興起的城市。其中又以義大利北部的城市興起最早，法蘭西南部、西班牙東北部的地中海沿岸，和萊茵河左岸的日耳曼次之。

很多城市的興起都是因為擁有特殊的條件，有的因為本身是自然港口，譬如西班牙的巴塞隆納是海港，倫敦和科隆是河港（前者在泰晤士河上，後者在萊茵河上）；有的是因擁有著名的大學，譬如巴黎與波隆納；有的是貿易中心，譬如威尼斯、熱內亞、科隆、倫敦；有的是製造業的中心，譬如米蘭、布魯日等等。

從波昂（接近科隆）所見的萊茵河景象，畫於 1644 年之後。.

描繪科隆市容的木雕繪畫，圖取自 1499 年出版的書。

萊茵河下游（鄰近克萊沃）。

描繪聖烏蘇拉（右方紅衣者）的繪畫，左方是 1411 年左右的科隆市容。

必須要強調的是，從西元第十一世紀下半葉開始，西歐進入一個全面覺醒的時代，商業復興就是覺醒的一面。當舊有的封建經濟不能適應時代的變化、不能解決人們的需要（包括緩解因為人口激增所帶來資源不足的壓力），工商業在受到刺激之後開始復甦並且日趨繁榮，就是一件再自然不過的事。

而有了商業，才會有都市。

其實，在商業復興之前，西歐當然也有都市，只是缺乏能夠做為經濟中心的城市。

歐洲中世紀的城市雖然在規模上大小不一，但總還是有不少的相同點，比方說，都有高聳的城堡、又厚又高的城墻和繞城的壕溝，來保護城裡百姓生命財產的安全；位於市中心的**大教堂**都是城內最宏偉堂皇的建築，城中僅有的一塊空地通常就是大教堂前方的廣場，市民會在此設立市集，也會在此舉行各項公共集會和儀式，教堂可說是城市百姓的生活重心；街道通常不加鋪砌，只有若干大街的路面會鋪著圓石；街道往往缺乏排水設備，所以經常滿是泥濘，再加上當時的衛

大教堂——有許多大教堂都是歐洲中世紀藝術的傑作，尤其是哥德式大教堂。所謂「哥德式」建築的特點是，有高聳的尖塔、修長的立柱，以及用新穎的框架結構來增加支撐頂部的力量，呈現出雄偉的外觀和寬闊的內部空間，再結合鑲著彩色玻璃的長窗，產生一種濃厚莊重的宗教氣息。

哥德式建築在西元十一世紀下半葉起源於法國，十三至十五世紀流行於歐洲，主要見於教堂建築，但也影響到世俗建築。座落於德國科隆市中心的科隆大教堂，是德國最大的教堂，也被譽為世界上最完美的哥德式教堂建築。

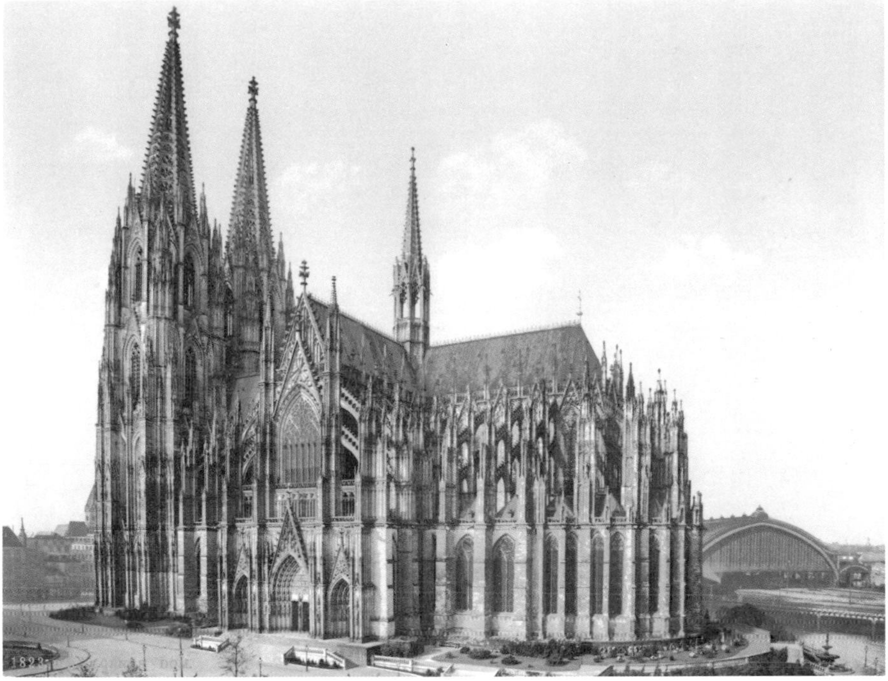

科隆主教座堂，拍攝於 1900 年。

生觀念不夠，市民經常隨意傾倒垃圾，造成街道髒亂不堪，一旦瘟疫發生，全城百姓都會遭殃；此外，由於房屋多半都是木造，又沒有什麼消防設備，疾病與火災是中古城市的兩大「詛咒」。

城市的晝夜是迴然不同的景象，白天非常繁忙，但一到日落，店鋪便紛紛收攤打烊，稍後不久大教堂會響起暮鐘，提醒大家熄燈就寢，接著全城就會進入到黑暗之中，如非必要，大家都不會在外逗留，因為夜裡的街道並不安全，不乏盜賊出沒，令人戒慎恐懼，直到翌日破曉，全城才紛紛甦醒，恢復一派熱鬧。

擁有自治許可狀的自由市

很多城市在逐漸握有資源和經濟實力之後，便希望能夠取得自治乃至獨立的地位，建立自治城或城邦。這些城市會用金錢向帝王或封建領主買下原來在封建制度下的領主權益，而成為「有自治許可狀的城市」。

這種「特許狀」，在日耳曼大多都是由神聖羅馬皇帝所頒發，拿到特許狀之後，就會成為神聖羅馬帝國的自由市，從西元第十二至十五世紀，大約有五十個自由市，包括紐倫堡、盧比克、布萊梅、漢堡、法蘭克福等等，自由市不承認皇帝以外的任何威權。

不過，各個城市彼此之間往往會有差異，有的城市是獲得完全的自由和獨立而成為「自治城」，有的則是獲得部分的自由，在政治上仍然隸屬於領主。在爭取自由的過程中，領主往往會頒賜特許狀，給予城市人民一些農奴所沒有的「特權」，使得城市人民成了「特權階級」，但因他們跟封建社會裡的特權階級（貴族和教士）又不一樣，所以就稱之為「中等階級」。

除了以金錢購買特許狀，進而獲得自治權之外，也有的城市是用武力抗爭得到了自治權，譬如在西元第十二世紀中葉（西元一一六七年），北義大利好幾個城市包括米蘭、威尼斯等等組成了「倫巴底同盟」，合力抵抗神聖羅馬皇帝的統治，一時之間吸引了很多城市紛紛加入，最多時達到二十個城市。不久，「倫巴底同盟」在得到教宗的支持後，在同年打敗了神聖羅馬帝國的皇帝。十六年後（西元一一八三年），透過「康士坦茲和約」，「倫巴底同盟」在向皇帝重申忠誠之後，終於獲得了自治權。

這些城市一旦成立城邦或自治政府以後，就會有自己的法律來保障人民的權利，而各個城市的法律儘管在細節上有所不同，但無非都是基於以下幾個特點：

●**保障個人的自由**。日耳曼有一句諺語：「城市的空氣使人自由。」足以說明個人自由是中古城市裡的百姓最為珍視的重點，每一個城市裡的百姓都享有法律所保障的自由。甚至如果一個農奴逃到了城市，並且能夠在城市裡住滿一年又一天，就能獲得法律上的自由身分，之後就算被從前的領主找到，領主也無權再強迫他回到農奴的身分。

同時，每一個城市百姓都是自由人，所享有的公民身分是完全相同的。

●**保障城市的地位**。在這個部分，是將「城市」擬人化了，彷彿「城市」不僅僅只是市民生活的地方，本身也是一個受到保障的對象，所以，一旦有外來勢力侵犯了任何一個市民的權利，等於也就是侵犯了這個城市的權利。

從這樣的法律，產生了排外主義（只認「自己人」），和偏狹的鄉土觀念，日後導致了許多城邦之間的糾紛和戰爭。

●**保障人民的不動產**。一方面保障人民有買賣土地的權利，任何人不得干涉，另一方面也規定了租金和租借的條件，來保護那些沒有土地房屋的人民。

●**保障消除封建領主的權利**。城市裡的人民可以用金錢買到很多封建領主的權利，這些權利五花八門，譬如通行費、過橋費、設備使用費等等，在城市法律裡都有詳細的規定，到了西元第十二世紀末，城市法律往往明文規定封建領主不得再實施通行費等這些權利。

當然，除了這些保障，城市法律也會列舉市民的義務，其中至關重要的一項就是納稅了。每一個市民，依照財產的多寡，都必須繳稅，做為城市的維護和防禦之用，如果拒絕繳稅，罪證確鑿者將會遭到放逐。

城市的統治階級大多為富有的商人，市政則由「基爾特」（意即「同業公會」，包括「商人基爾特」和「工匠基爾特」）一同來治理。

在中古城市復興之初，僅有「商人基爾特」一種同業公會，

Wir geschworne Vor und andere Meister, des Handwercks derer
in der Chur-Fürstl. Sächsischen Residenz-Stadt Dreßden
bescheinigen, daß gegenwärtiger Geselle, mit Nahmen
gebürtig, Jahr alt und
Statur, auch Haaren ist, bey Uns allhier Jahr Wochen in Arbeit gestanden und sich solche Zeit über treu, fleißig, still, friedsam und ehrlich wie einem jeglichen Handwercks-Purschen gebühret, verhalten hat. Welches Wir also attestiren und deshalb unsere sämtliche Mitmeister, diesen Gesellen nach Handwercks-Gebrauch überall zu fördern geziemend ersuchen wollen. Dreßden, den 26 1769
Ober Meister
Ober Meister
Meister, wo der Geselle gearbeitet.

發給工匠的工作許可證明書。

那是為了達到某些目的而聯合組成的機構。「商人基爾特」規定了物價、品質、工作條件等等，所有從事買賣的人都必須參加，否則就不能在該城立足。到了西元第十二世紀末，幾乎所有城市在「商人基爾特」之外還有各式各樣的「工匠基爾特」，可以說每一個行業都有自己的「基爾特」。這些「基爾特」操縱著城市裡該行業的經營權，非會員不得侵犯。

除了「基爾特」組織，日耳曼商人還有「漢撒」和「漢撒聯盟」的組織。雖然「漢撒聯盟」要到西元第十四世紀中葉以後才真正發揮了力

16 世紀圖畫中所描繪的一位漢撒商人。

量，其基礎卻是在西元第十二、十三世紀就奠定的，因為日耳曼商人很早就團結一致，所以能夠以集體的力量，在許多海外商業城鎮取得各種特權。

新興行業

工商業的復興帶來了許多新的行業。比方說，現代銀行的很多基本業務諸如匯款、貸款、投資等等，在西元第十二世紀都已逐漸萌芽。北義大利的城市最早興起為歐洲金融活動的中心，近代所說的資本主義也已顯露出雛形，其他像保險制度、領事制度、商業習慣、商事法等等，也都是隨著商業發達才應運而生。

新的經濟形態甚至還催生了統計學；在過去的莊園經濟中，數字並不重要，可是對於新經濟來說，舉凡收支、損益、評估個人或團體的經濟能力等等，都需要精準的數字來做考量。

漢撒聯盟的印記。

第三章　英格蘭的變化

十字軍運動所帶動的工商業復興、都市生活的發展，以及中等階級的出現，讓中古的封建社會產生多方面的改變。過去，只有貴族和教士能擁有土地，只有他們享有自由和社會地位；如今，嶄新的經濟制度，讓更多人得到自由、累積財富、甚至改變社會地位。在這段時期中，三個西方大封國（英格蘭、法蘭西和日耳曼）所發展出來的政治制度，對後世的影響極為深遠。本章我們將先了解西元第十二、十三世紀英格蘭的重要變化。

從西歐的歷史看來，西元第十二、十三世紀是一段極其重要的時期。工商業的復興、都市生活的發展，以及中等階級的出現，對於之前的封建社會自然產生多方面的影響。過去，中古時期的經濟基礎是農業，財富來源是土地，土地給人自由和社會地位，由於只有貴族和教士擁有土地，所以只有他們才可能享有自由和社會地位。同時，「地主」、「自由人」、「特權階級」等等都是可以交換的。但是自從工商業復興之後，產生了一種以貨幣代表其價值的嶄新經濟制度，稱之為「貨幣經濟」，中等階級也成為中古社會裡相當重要的一部分。這些都明顯的或者直接、間接的影響到了政治層面。因此，過去建立在土地之上的領主與附庸關係的所謂「寧靜政治」，就此結束。

比方說，由於賦稅增加了國家的財源，國王可以藉由任用中等階級人士為政府官員，或者組織獨立的雇庸軍，來慢慢擺脫封建附庸的牽制，而且中等階級人士自己也有政治野心想要滿足。這些變化都帶動了政治上的變動。

在這段時期中，三個西方大封國（英格蘭、法蘭西和日耳曼）所發展出來的政治制度，對後世的影響極為深遠。不過，當然，這三個地區的發展並不完全相同，在時間的先後上也不是完全一致。

法國 1350-1364 年使用的貨幣，上面刻有法王約翰二世。

法國 14 世紀使用的貨幣，上面刻有法王約翰二世。

神聖羅馬帝國和西西里國王菲特烈二世所發行發行的貨幣。

英格蘭 9 世紀所使用的貨幣。

英格蘭 1066 年使用的貨幣，上面有威廉一世的雕像。

英格蘭 1350 年使用的貴族金幣，上面刻有愛德華三世。

本章我們將先了解西元第十二、十三世紀英格蘭的重要變化。關於法蘭西和日耳曼的情況，將在下一章再做講述。

1 王權的式微

西元一〇八七年「征服者威廉」過世以後，基本上國土被一分為二，由他的長子羅伯（約西元一〇五四～一一三四年）得到諾曼第，成為諾曼第公爵，次子威廉二世（西元一〇五六～一一〇〇年）得到英格蘭，而幼子亨利一世（西元一〇六八～一一三五年）只得到諾曼第的幾個莊園。三兄弟為此鬧得非常不愉快，長子諾曼第公爵羅伯甚至不斷鼓動貴族叛變，其中最嚴重的有兩次，雖然都告失敗，卻首開以貴族武力來抗議國王的先例。

次子成為英格蘭國王威廉二世後，為了鞏固統治，也曾兩度征伐諾曼第，但均告無功而返。直到西元一〇九六年，手足之間的爭執有了戲劇性的解決；原來是羅伯為了響應第一次十字軍的號召，需要籌措經費，於是將諾曼第典押給威廉二世，押金一萬馬克，為期三年。國家就此重新統一。

威廉二世貪得無厭，運用封建權利不斷徵收錢財，引起很多人的不滿。西元一一〇〇年，四十四歲的威廉二世在一次狩獵中遭貴族誤殺，該貴族表示是把威廉二世錯認為一頭鹿，才會發生這樣的悲劇。真實情況如何，沒人知道，成了歷史上的疑案。

威廉二世一死，三十二歲的弟弟亨利反應迅速，立刻搶先占據了王廷，自立為王，成為亨利一世，而貴族中竟無人反對，由此也可見威廉二世生前是多麼的不得人心。但因此時四十六歲的長兄諾曼第公爵羅伯還健在，其實亨利一世的統治地位並不是那麼的穩固，為了安撫（主要是安撫貴族和教會人士）並爭取支持，亨利一世在加冕當天特別頒布了一項特許狀，一方面指出日後的施政方針，另一方面宣布將停止前朝一切的「暴政」。

後世學者認為，這項特許狀有點兒類似現代的「競選承諾」，即使後來亨利一世並沒有認真執行，但在英國憲政史上仍然有非常特殊的意義，因為它表現出「國王也必須受到法律約束」的觀念，同時，它也成為貴族們所追求的理想。日後的「大憲章」就是這種理想的部分實現。

英王威廉二世之死，1895 年的版畫。

看到小弟自立為王，做大哥的羅伯果然不服，在亨利一世加冕之後的隔年，羅伯從東方回國之後就迅速出兵英格蘭。亨利一世拿出重金終於讓哥哥退兵。

五年後，亨利一世有了比較周全的準備，便率軍征伐諾曼第，經過一番苦戰，終於擊敗了哥哥，並且把哥哥擄回英格蘭。羅伯就這樣被囚禁了二十幾年，到他八十歲過世為止，都沒能再回到諾曼第。

羅伯被囚期間，諾曼第並不平靜，其子在諾曼第不斷舉兵叛變。所以亨利一世在打敗長兄之後，諾曼第和英格蘭只是在名義上再度合

英王約翰簽署大憲章，象徵「國王也必須接受法律約束」，圖出自 19 世紀的英國年鑑。

而為一而已，實際上亨利一世並不能有效統治諾曼第。

亨利一世在位三十五年（西元一一〇〇～一一三五年），稱得上是一位頗有魄力的國王，推行了很多具有影響力的政務，比方說，革新某些行政制度；設立「財務部」，以便國王能更有效的控制各項歲入，增加經濟來源；設立「巡迴法官」，傳達王令、訪察地方各種情況；任用中等階級人士，加強政府組織等等。可以說，很多英國的行政和司法制度，都是在亨利一世主政期間奠定了很好的基礎。

然而，在發展王權的過程中，貴族和教會人士當然是不斷抗爭，有的是施以政治壓力，有的是乾脆訴諸武力，希望迫使國王讓步。後來英國憲政的產生和發展，基本上就是起源於這樣的衝突和協調。

此外，在希望削弱教會特權這方面，亨利一世的努力可以說完全失敗。西元一一〇五年七月，亨利一世和總主教在諾曼第會面，擬定了協定，然後在十七年後簽訂了我們在第一章中提到過的「沃姆斯協定」，解決了英格蘭俗人授職的問題，但其他的政教糾紛則始終無法解決。

亨利一世的子女很多，但只有一兒一女是出自合法婚姻。兒子很短命，少年時就因意外身亡。女兒瑪蒂爾達（西元一一〇一～一一六七年），先是在十三歲的時候嫁給日耳曼的羅馬帝國皇帝亨利五世，二十四歲時因丈夫過世而返回英格蘭。這時亨利一世以太子已死五年、國家需要繼承人為由，要求貴族和教士宣誓接受瑪蒂爾達為王位合法的繼承人。

此後，瑪蒂爾達再嫁安茹伯爵傑弗利，生子亨利二世（西元一一三三～一一八九年）。亨利二世是英國歷史上一位響噹噹的人物，我們在下一節中會介紹他。

西元一一三五年，亨利一世逝世，享年六十七歲。這時距離瑪蒂爾達被視為王位繼承人已經過了十年。亨利一世在嚥下最後一口氣的時候，深信女兒一定可以順利繼承王位，結果卻完全不是那麼回事。當他辭世的消息一傳出，他的外甥史提芬（西元一〇九六～一一五四年）就立刻自立為英格蘭王。諷刺的是，在十年前當亨利一世要求貴族和教士支持瑪蒂爾達為合法繼承人的時候，當時史提芬可是第一個宣誓、表示自己一番赤誠的人。

在史提芬獲得倫敦城民的支持、加冕為王之後，他的長兄也很快便自稱諾曼第公爵。

亨利二世開創金雀花王朝，並對英格蘭的行政和司法做了很多創新與革新。

同年，瑪蒂爾達和丈夫安茹伯爵傑弗利率軍進攻諾曼第。與此同時，蘇格蘭亦以瑪蒂爾達盟友的身分率軍南侵；另外，在英格蘭還有亨利一世的非婚子也發動叛變。面對這些紛至沓來的紛亂，史提芬都應付得很好，翌年甚至還獲得羅馬教宗承認為英格蘭王，這對於史提芬王位的穩固頗有幫助。

史提芬在位的十九年，連年烽火，無一寧日。這一方面是因為史提芬太過信守「加冕特許狀」，以致貴族們貪得無厭，另一方面瑪蒂爾達爭取到的支持勢力也愈來愈多，少數派的勢力愈來愈大，因此在史提芬主政時期，被稱為英國史上的「混亂時期」。

西元一一三九年，瑪蒂爾達趁史提芬解除一位重要主教的職權，因而喪失很多朝廷舊臣和教士支持的時候，舉兵入侵英格蘭，但兵敗被俘。可是，史提芬本著騎士精神，釋放了

瑪蒂爾達畫像，她是英格蘭國王亨利一世的女兒，日耳曼羅馬帝國皇帝亨利五世的妻子，兒子則是後來的英格蘭國王亨利二世。

三十八歲的瑪蒂爾達。

瑪蒂爾達獲釋之後，立刻直奔反對勢力中心，反對黨也立刻立她為王，於是，內戰再度爆發，兩年之後，變成是史提芬兵敗被俘。

經過六年的抗爭與等待，瑪蒂爾達終於正式加冕為英格蘭王，她的丈夫則占據諾曼第，被法王承認為諾曼第公爵。

不過，瑪蒂爾達與史提芬之間的鬥爭還沒結束。過不久，史提芬就透過交換戰俘的機會重獲自由。之後兩邊的勢力繼續對抗，可結果只是造成社會不安，雙方都沒有具體的斬獲。

西元一一五〇年，四十九歲的瑪蒂爾達對於戰爭已經深感厭倦，乾脆將英格蘭王位和諾曼第伯爵都讓給十七歲的兒子亨利二世。翌年，瑪蒂爾達的丈夫過世，她則又繼續活了十六年，最後享年六十六歲。

西元一一五三年，二十歲的亨利二世率軍進攻英格蘭，此時史提芬因獨子死亡，無人繼承，不得已只得和亨利二世簽訂和約，立亨利二世為繼承人。隔年，史提芬過世，亨利二世就在同年年底加冕為英格蘭王。瑪蒂爾達看到兒子即位，想必是非常的欣慰。

瑪蒂爾達與史提芬之間將近二十年的內戰，造成國家內耗嚴重，英格蘭貴族眼看中央王權岌岌可危，無力控制地方政府，紛紛趁機大肆擴展自己的權力，使過去在「征服者威廉」和亨利一世時代所建立的制度，受到了很大的破壞，形成國王受制於貴族的局面。因此，西元第十二世紀中葉的英格蘭，與同一時代的日耳曼一樣，都是屬於一片混亂，直到亨利二世主政，情況才有所改觀。

2 亨利二世的改革

亨利二世被後世史學家譽為中古時代英格蘭最偉大的國王。他所開創的「**金雀花王朝**」是英格蘭在中世紀最強大的封建王朝。亨利二世在位三十五年（西元一一五四～一一八九年），對英國行政和司法做了很多創新與革新，不僅在當時為英國王權創造了許多控制國家的有效的工具，也是他留給後世最了不起的遺產。

亨利二世出生於法國，一生大部分的時間都是在歐陸生活，他說的是法語，對英語一竅不通，幾乎可以說是一個法國人。他從母親那兒繼承了諾曼第，從父親那兒繼承了安茹，十九歲結婚以後又從妻子那兒得到了豐厚的嫁妝，使他成為法國最大的領主，他在法蘭西的封土幾乎占了今天法國全部面積的三分之一。

然而，儘管亨利二世後來還成了英格蘭國王，但在當時的封建制度之下，對

金雀花王朝——其實「金雀花王朝」正式的名稱應該是「安茹王朝」，但是因為紋章是用金雀花的小枝來做裝飾，所以一般都習慣稱之為「金雀花王朝」。

於法王來說，他仍然只是法王的一個附庸，理當對法王執行身為附庸的各種義務與責任，這就種下了日後英法之間戰事不斷的主因。

西元一一五四年，二十一歲的亨利二世加冕為英格蘭王時，正是「征服者威廉」征服英格蘭以來王權最為低落的時候，因為之前當瑪蒂爾達與史提芬在爭奪王位期間，為了爭取更多的支持，雙方不約而同都許給貴族們大批的王家私土和許多特權。即使是亨利二世自己，一開始在感覺統治地位還不夠穩固之際，為了籠絡人心，也對貴族做了不少有損王權的承諾。如果他認真執行這些承諾，貴族們的權力勢必會凌駕於國王之上，那麼英格蘭就會淪為另外一個日耳曼了。

但是，亨利二世非但對這些承諾盡量敷衍，還積極用各種方法，或直接、或間接的慢慢拿回貴族手中的各種特權。如果實在不易拿回，他就盡量設法抵消這些特權的效用。結果，亨利二世上臺還沒幾年，之前史提芬時代所喪失的王權，已經大部分都被他給收回了。

◆——克拉倫頓憲章

亨利二世享年五十六歲，幾乎人生三分之二的時光都在治理英格蘭，成績斐然。

我們先來了解一下「克拉倫頓憲章」。這還得從亨利二世與多瑪斯．貝克特

（西元一一一八～一一七〇年）的恩怨開始說起。

貝克特比亨利二世年長約十五歲，是倫敦一富商之子，早年就接受了良好的教育，後來任職於倫敦某商號，與當時很多權貴都有業務上的來往，能力深獲眾人包括坎特伯里總主教在內的賞識。在這位總主教的推薦之下，他先是被任命為坎特伯里教區總輔祭，經管教區財務，在亨利二世即位以後，又受命擔任王廷中職位最高的祕書長。

貝克特與亨利二世十分投緣，兩人成為很好的朋友。西元一一六二年，當坎特伯里總主教一過世，亨利二世立刻想到一個控制教會的好辦法，那就是要求羅馬教廷任命貝克特接任坎特伯里總主教的位子。

按亨利二世的設想，由一位好友兼忠臣來擔任英格蘭教會的領袖，對自己一定大為有利，簡直太完美了。但萬萬沒有想到，貝克特認為一個合格的總主教不可能同時討好天主與國王，必定要得罪一個。最後，他選擇忠於天主，於是，上任之後就一心護衛教會的利益，甚至不惜與亨利二世翻臉。

貝克特首先迅速辭去王廷祕書長之職，並且還下令所有擔任高職的教士譬如主教、院長等等，都不得兼任政府要職。這無異於是剝奪了國王許多可用的人才。同時，貝克特還拒絕付稅，因為他認為這不合乎教會的法規。短短一年左右的時間，這兩個過去非常要好的朋友就已鬧得不可開交。

亨利二世果斷拿出了對策，在克拉倫頓請了一些法學家收集「國家古代習慣」，於西元一一六四年公布了著名的「克拉倫頓憲章」，然後根據所謂的「習慣法」，取消一些教會享用已久的特權，與此同時也積極伸張了王權。

貝克特拒絕接受「克拉倫頓憲章」，在亨利二世和法庭宣判他藐視王法的罪名之下，他偷偷離開英格蘭，在法蘭西和羅馬之間流浪達六年之久。

西元一一七〇年，貝克特返回英格蘭，但反對亨利二世的態度依舊強硬，他宣布要將所有支持亨利二世的人通通開除教籍。此時，亨利二世正在諾曼第，聞訊之後怒不可遏，大罵手下沒用，竟沒人可以來對付那個可惡的「假主教」。四位家臣聽了，非常激動，立刻渡海來到坎特伯里，將正在教堂裡主持宗教儀式的貝克特給謀殺了。

這麼一來，貝克特成了一位殉道者，反而聲望大增，他的墳墓甚至還成為朝聖的中心。亨利二世無法漠視社會壓力，只得於西元一一七二年、也就是「克拉倫頓憲章」公布八年之後，

貝克特殉教後被尊稱為坎特伯里的聖多瑪斯。圖為 13 世紀手抄本中描述貝克特被暗殺的情景。

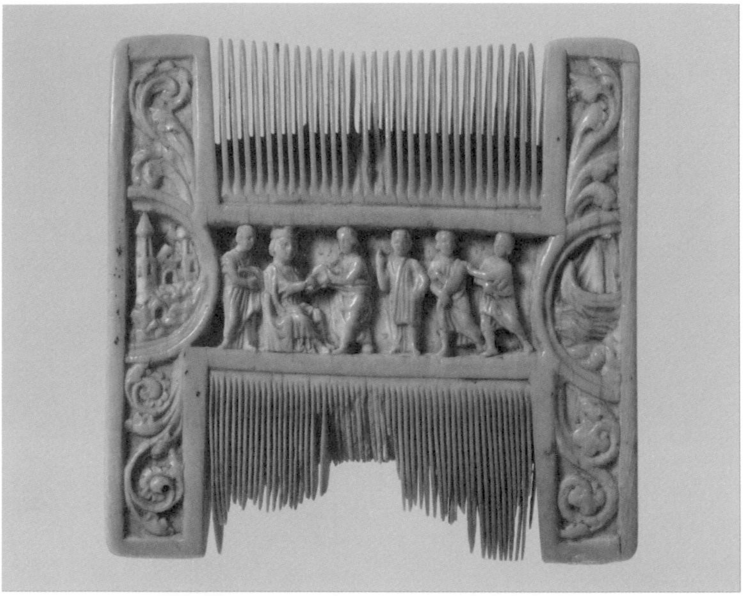

雙面象牙禮拜梳上雕刻有貝克特被亨利二世封為主教的景象。

雙面象牙禮拜梳上雕刻有貝克特受難圖。

主動將憲章廢除，然後以「教士特權」來取代。

貝克特與亨利二世的衝突也就此落下了帷幕。在當時看來，亨利二世是輸家，然而由於「克拉倫頓憲章」的內容最後終於還是成為英格蘭「公法」的一部分，所以從歷史的眼光看來，亨利二世才是這場紛爭最後且真正的勝利者。

◆亨利二世的司法改革

所謂的「公法」，就是指通行全國、全國人民共同遵守的法律。接下來我們就要來介紹亨利二世在行政制度上的一系列改革，司法制度的革新是一大重點。

在亨利二世以前，英格蘭和當時其他西歐國家一樣，都缺乏全國統一的法律，常用的法律至少有五種，像是諾曼人的「封建法」、屬於本地的「盎格魯-薩克遜法」、「教會法」、殘留在民間的「羅馬法」以及新興的「商業法」等。在這樣的情況之下，國王想要擴充王權當然是非常的困難。為了改變這樣的現狀，亨利二世從「公法」著手，結果不僅伸張了王權、間接削弱了貴族和教會的權力，並且有效增加了稅收，因為中古時代的司法觀念和經濟是有著密切的關係，包括手續費和罰款等，都能為法庭帶來可觀的收益。

那麼，「公法」的內容是怎麼來的呢？無非是兩大類：「先例」和「慣例」。

造成這些先例和慣例的，都是巡迴法官。

上一章中我們提過，在亨利一世的時代出現了「巡迴法官」，現在亨利二世將外公這項做法進一步定期化和制度化，譬如他增加了巡迴法官的人數，縮短了法官的巡迴間隔，更有效的讓巡迴法官將國王法庭帶到英格蘭領土的各個角落。

為了吸引更多人民來王廷要求處理案件，亨利二世又善用了「令狀」。其實這也是他外公就開始頒發的東西，但亨利二世擴大了「令狀」的功用，使得「令狀」成為司法制度的一部分。

所謂「令狀」，就是當某一當事人希望王廷來處理自己的案子時，可以向王廷祕書處申請一紙「令狀」，將自己的案子保留，之後，除了王廷，其他法庭都無權處理，或者當事人也可以申請將自己的案子依照某一種程序（譬如陪審方式）來處理。

「令狀」分兩種，一種是「普通令狀」，另一種是「特種令狀」，前者用於一般性的案件，有一定的格式，通行全國，成為建立「公法」最好的工具。「令狀」可以說是亨利二世司法制度改革的基礎，藉著「令狀」，新的法律傳播全國。有時「令狀」本身也會製造新的法律。

藉著「令狀」所表達的法律，稱為「裁判令」，其中「土地占有裁判令」指定有關土地的糾紛應該由「陪審」來裁判，當某一樁有關土地的爭執告到國王法庭（包括由巡迴法官所主持的國王法庭），法官會在當地推選十二位熟悉案情者，讓他們宣誓必將提供有關資料、公正的指證被告與原告之間誰是誰非，然後法官再根據這些資料和指證來做宣判。

後來，亨利二世將這種要求陪審的權利擴及到所有的自由佃農，不僅保護了土地的實際占有者，同時也增加了國王的收入。因為，只有國王擁有許可陪審的權力，而無論判決的結果如何，國王都可以徵收罰款。

又過了一段時日，亨利二世更將原本用來處理民事糾紛的陪審制度擴及到刑事案件。他命令每一「百戶」要推舉十二人，每一鄉鎮要推舉四人，這些人都宣誓要揭發地方上的犯罪行為，這稱為「公訴陪審」，類似近代很多國家所實行的「大陪審團」，他們的職責，在於控訴地方上的罪犯，而不是審判罪犯之是否有罪。

西元一二一五年，也就是西元第十三世紀初，陪審制度開始逐漸應用於審判，稱做「小陪審團」。「小陪審團」的做法雖然不是在亨利二世所創，但可以說是他所推行的「大陪審團」的自然產物。

除了司法制度的改革，亨利二世還做了其他不少行政上的改革，譬如建立督察地方政府的制度、將「兵役代金」制度化，並繼續積極推動「薩拉丁什一稅」

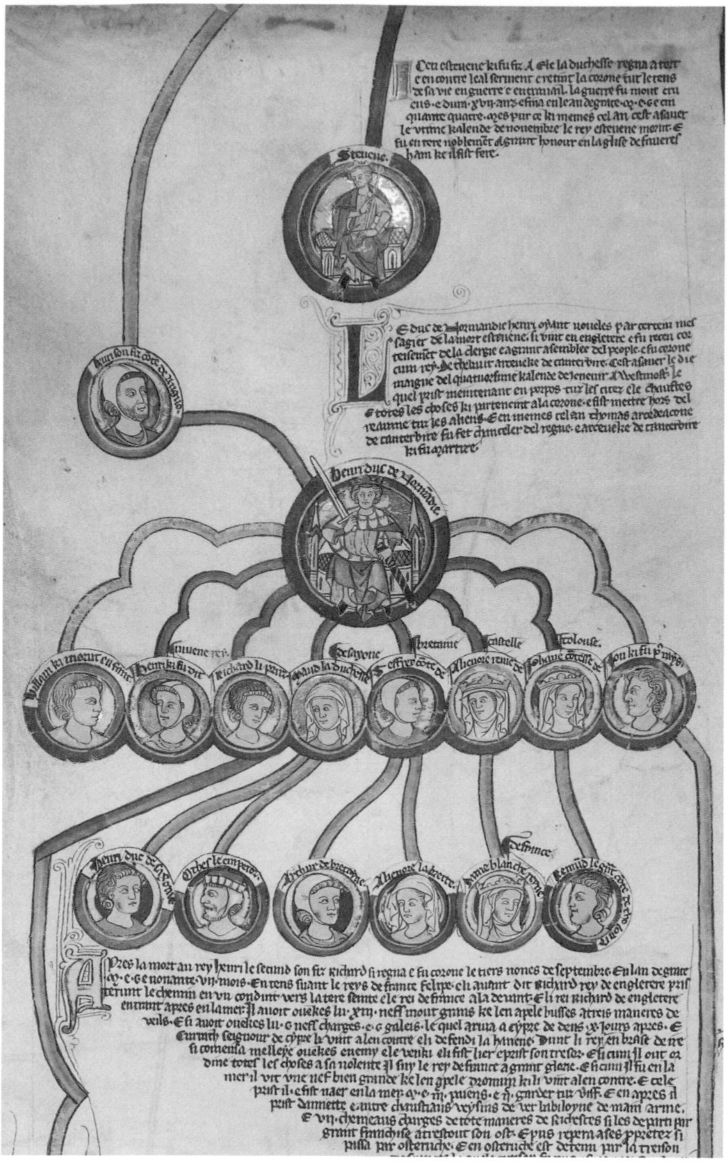

英王亨利二世（由上數來第 3 位）及其子嗣（下一排左起 2 為小亨利、3 為獅心理查、5 為傑弗瑞、最右為幼子約翰）

等等。尤其是「薩拉丁什一稅」，實際上就是個人所得稅，在英國稅制發展史上開創了嶄新的一頁。

縱觀亨利二世的一生，最失敗的就是和兒子們之間的衝突，造成國家內部的混亂長達數十年之久。在他晚年，幾個兒子為了爭權奪利，時常叛亂，鬧得亨利二世頭痛不已。他認定是妻子在慫恿兒子們來反對自己，遂祕密請求教皇允許他離婚，但沒有獲得同意，不久亨利二世就在悲痛中病逝於法國，後來也葬在了法國。

3 英國的憲政發展

◆大憲章

我們在第二章中講述過的「獅心理查」是一位標準的騎士，被公認是中世紀最傑出的軍事指揮家之一，備受當時人們的尊敬。他勇猛善戰，直爽開朗，行事作風又非常大氣，譬如對於那些與自己不合的貴族，如果不能以武力迫使對方屈服，理查可以完全捐棄前嫌寬恕對方。在歷史上，理查留下不少浪漫動人的英雄故事，然而若從考察一位國王的角度來看，理查實在是一位不合格的國王。

首先，雖然他是英王，但在位十年（西元一一八九～一一九九年）當中，理查只到過英格蘭兩次，第一次是在他即位之初，到倫敦接受加冕禮，並募集十字軍的費用；第二次是由於他在十字軍東征返途中被俘，所以特地回英格蘭徵募贖款，兩次加起來他在英格蘭所逗留的時間僅短短幾個月。其次，他在位十年，只忙著征戰，包括參加第三次十字軍東征，以及對付弟弟與法王的聯軍，這些戰事除了勞民傷財，並沒有什麼具體的成就。

然而，後世史學家卻意外從理查在位這十年中，發現了兩個很有意思的「啟示」，一個是儘管這段期間國王根本很少待在英格蘭，政府卻仍能夠照常運作，另一個則是貴族們在西元一一九一年合力趕走了一位引起眾怒的攝政王，史學家認為這次事件不僅是二十四年後（西元一二一五年）貴族武力抗爭事件的先導，也是英格蘭「依法反對政府、彈劾政府官員」的開始。

西元一一九九年，「獅心理查」死於一次私人決鬥，享年四十二歲。由於理查沒有合法子女，私生子又不能繼位，所以在他死後，英格蘭王位就由他的弟弟約翰（約翰一世，西元一一六六～一二一六年）來繼承。

想想人生的際遇有時就是這麼奇妙，西元一一七〇年當他們的父親亨利二世將疆土分配給幾個兒子時，當時約翰因為年僅四歲，所以並沒有得到任何封地，還因此得到一個充滿戲謔的稱號，叫做「無地者」，沒想到時隔二十九年之後，他居然成了英格蘭王。

約翰在位十七年，被後世視為是英國歷史上最失敗、也最不得人心的國王之一。他與哥哥「獅心理查」是完全不同類型的人物。雖然他也算得上是一位克盡職責的國王，但一生只親自參加過一次戰爭，還是偷襲，這在當時眾多貴族眼裡是一件很不光彩的事，而他任內參與的諸多戰爭也都是以失敗告終，尤其是與法王的戰爭，喪地辱國，令人不滿。同時，約翰又缺乏一個國君應有的氣度與擔當。比方說，當他認為無法對付貴族時，竟然想出一個自認為聰明的迂迴之策，那就是先將英格蘭和愛爾蘭獻給羅馬教宗，再取回做為采邑，也就是說他寧可讓自己成為教宗的附庸，然後以這樣的方式來迴避貴族的反抗。

而貴族們之所以反對約翰，關鍵在於經濟問題。

因為和法王連年戰爭，需要大量的軍費，約翰便不斷壓榨貴族。西元一二一四年當他在歐陸再度吃了一場大敗仗之後，不僅急著下令再次徵收兵役代金，同時還獅子大開口，一下子將代金漲了三倍；之前每個騎士收一馬克，現在約翰要收三馬克。

貴族群情激憤，立刻集會，宣誓大家要團結一致，要求恢復亨利一世時代「加冕特許狀」所保證的各種慣例。約翰的對策是立即頒布特許狀，保證教會權益，表面上看好像是牛頭不對馬嘴，實際上是企圖分化反對力量。不料新任的坎特伯里總主教不為所動，還是堅定的和貴族站在一起。約翰遂趕緊宣稱參加十字軍，這麼一來就可以受到教會的保護，任何人都不能攻擊他。不過，私底下約翰卻從外地雇來了更多的傭兵。

翌年四月，五位伯爵和四十位男爵再度集會，草擬了一分請願書，要求國王尊重貴族的權利，取消所有的苛捐雜稅，以及革除某些政治上的惡習。約翰在盛怒之餘，建議由羅馬教宗組織一個委員會來調停，但遭到英格蘭貴族這一方的拒絕，並且隨即在五月初就向國王宣戰。

貴族們的訴求獲得了倫敦城百姓的響應，倫敦迅速被叛軍占據。與此同時，貴族也草擬了所謂「貴族條款」，做為要和國王談判的依據。六月下旬，雙方代表在位於倫敦之西的蘭尼米德訂立了著名的「大憲章」。

西元 1215 年英王約翰被迫簽下大憲章，圖為 19 世紀的木刻版畫。

儘管「大憲章」是一項由領主（約翰）和其附庸（英格蘭貴族）協議簽訂的封建文件，保障附庸的封建權益，當時對一般人民並沒有直接的影響。可是，只要考慮到它出現的背景，以及它所表現的精神，就會發現它對後來英國憲政的發展還是有非常重要的意義，因此被後世視為是一項劃時代的文獻。

在西元第十三世紀初問世的「大憲章」，距今都超過八百年了，可是當時已經提出了兩個重要的觀念，其一，是「有限王權」，國王必須服從國家的法律和習慣，國王不是在法律之上，而是在法律之內；其二，由於裡頭有「由貴族組織一個二十五人委員會代表全國來監督國王」的規定，這就是日後「國會制度」的濫觴。

此外，「大憲章」中關於「陪審團」和「個人自由」的觀念，也是近代司法制度的兩大基石。雖然當時是只有「自由人」享有此權利，不過，隨著「自由人」（占全部人口一半）享有此權利，日後享有這兩項權利的人民總數，自然也就隨之不斷的增加，直到最後全國人民都能享有這兩個權利。

縱觀英國憲政的發展，即使「大憲章」的出現最初是基於經濟動機，但後來不止是貴族、連一般鄉村和都市人民也為了保護自己的荷包，對政府的監督日益重視。當人民對政治益發關心以後，所帶來的影響自然就遠遠超出了經濟上的意義。

牛津條款

「大憲章」的簽訂，並沒能解決約翰與貴族之間的糾紛，不久戰事即重新展開，約翰節節敗退。西元一二一六年十月下旬，約翰逝世，其黨徒在**威廉·馬歇爾**（西元一一四六～一二一九年）的領導之下，擁立年僅九歲的太子亨利（也就是亨利三世，西元一二〇七～一二七二年）為王，同時，由馬歇爾攝政。

過了三年左右，馬歇爾死了，朝政便由當時教廷駐英格蘭的代表攝政，這樣又過了兩年，接下來，英格蘭又陸續經歷過數人的攝政。在西元一二二七年亨利三世宣布親政之前，在攝政者和其

位於法國諾曼第的唐卡維爾城堡，馬歇爾在此接受他的騎士訓練。

威廉·馬歇爾

威廉·馬歇爾享年七十三歲，從史提芬以來，先後服務過四位國王：亨利二世、獅心理查、約翰和亨利三世，被譽為是一位最忠誠的騎士。在他過世以後，是以聖殿騎士安葬。根據學者考證，「大憲章」應該就是出自馬歇爾和新任坎特伯里總主教兩個人之手。

他大臣的通力合作之下，英國度過了十一年朝政清明的太平歲月。在這段時期，也產生或強化了很多重要的憲政觀念，包括有限王權、責任體系、貴族會議有權委任官員和監督政府等等。

亨利三世主政四十五年，從一個國王的角色來看，可以說是非常失敗，因為他無論是想要控制貴族或是收復失地，都沒有具體的成績，再加上他過分依賴羅馬教宗和自己的法蘭西親友，也招致極大的不滿。

英王亨利三世的加冕圖，13 世紀的繪畫。

不過，從歷史的角度來看，亨利三世主政的近半個世紀，有一點令後世史家印象非常深刻的是，這個時期的貴族再也不是一盤散沙，而是深具新政治意識的一群；他們在約翰一世的時代已經體驗過如何團結一致來限制國王的違法行為，而且似乎也愈來愈自認是代表全國，所作所為不止是在保障自身的利益，同時也是在保障人民的利益，總之，他們認為自己有保護國家法律和習慣的責任。

西元一二四四年發生了一件英國憲政發展史上的大事。起因是由於戰爭的失利，國王亨利三世召集了會議，又想向貴族和教會索要更多的金錢，以便準備反攻。這一場會議的與會者有高等教士、伯爵和男爵，結果這三類人士各自推選代表四人，組織了一個「十二人委員會」，草擬了一分改革綱要，其中最重要的一條是：「由高等教士和貴族委任一個『四人顧問團』，來監督國家行政，這個顧問團完全對教士和貴族負責，沒有他們的同意，國王不得隨意解散。」亨利三世自然是拒絕接受，於是，貴族也就拒絕亨利三世在金錢上的要求。

這樣的結果讓貴族突然發現，原來他們不必動武，只要用經濟的力量就可以制裁（或說控制）國王。這無異是開了一個先例，貴族透過協議找到了一個與政府對抗的新辦法。英國憲政的發展也由此又向前邁進了一步。

十四年之後（西元一二五八年），由於抗議亨利三世一味想要滿足教宗的要求，貴族在牛津武裝集會，提出所謂的「牛津條款」，迫亨利接受。「牛津條款」的目的是要改組英國政府，使貴族有直接控制政府的權力，並且分擔行政責任。

與「大憲章」的精神相較，「大憲章」強調「君權受制於法律」，「牛津條款」則更進一步，主張國王即使是在法律範圍之內也不能任意行動，而必須受到人民代表的監督。當然，所謂的「人民」，此時指的是貴族，因為此時的貴族自認是代表全體人民。無論如何，透過「牛津條款」，闡釋了所謂的「君權」實際上應該是由兩個部分所組成，一個是國王，一個是國會，兩者缺一不可。

就這樣，一個根據「牛津條款」的新政府成立了，標誌著英格蘭今後將由貴族組成的「十五人會議」與國王來共同統治。

4 愛德華一世與王權的重建

在亨利三世之後繼任的是愛德華一世（西元一二三九～一三〇七年）。由於「大憲章」制度是在愛德華一世時得到最終確定，基於「國王也必須遵守法律」的精神，英國王室才能存在，而從愛德華一世之後距今已超過七百年，血脈一直沒斷，當今英國女王伊莉莎白二世（出生於西元一九二六年）就是他的子孫。

他可以說是中古英格蘭國王中最成功的一位，是金雀花王朝最重要的代表人物之一。他在位三十五年（西元一二七二～一三〇七年），一生的文治武功都非常出色。在他的主政下，不僅重建了王權，也使英格蘭成為當時歐洲的重要大國，更使英格蘭從封建政治逐漸走向君主立憲政治，英格蘭因此成為中古第一個「近代」王國。

愛德華一世是亨利三世的長子，出生於威斯敏斯特（或譯西敏寺，今英國大倫敦地區裡的一個自治市），少年時期他就從父親的手中得到了屬於自己的領地，並捲入一系列政治上的紛爭。

西元一二六四年，由於亨利三世拒絕接受「牛津條款」，以致內戰爆發。同年五月，亨利兵敗，被逼交出大權，同時還被迫以愛德華為人質。這年愛德華二十五歲。不過，這個太子很厲害，隔年就自己逃走了，而且接下來還成了扭轉時局的關鍵人物。

從西元一二六四年五月至次年八月，在這一年多的時間裡，**西蒙・德・孟德福**（西元一二〇八～一二六五年）是英格蘭實際的統治者，亨利三世只不過徒有國王之名。後來愛德華逃脫，並組織了反對西蒙・德・孟德福的力量，然後靠著出色的軍事才能，終於在西元一二六五年八月初打敗了西蒙・德・孟德福的軍隊，西蒙・德・孟德福在戰鬥中陣亡。

亨利雖然復辟，但幾乎所有政事都交給太子愛德華去負責。愛德華採取安撫政策，大赦叛軍，恢復大家的封地，過去貴族所實行的改革也大致保留。接下來的幾年，英格蘭呈現出一片太平景象。

西蒙・德・孟德福——西蒙・德・孟德福統治期間，在西元一二六五年元月召開過一次直接選舉產生的議會，成功的拉攏了鄉村和都市人民的支持，這也意味著貴族和教士已不足以代表全體人民，國家大事也不應該只由貴族和教士來負責。這在中世紀歐洲實屬首創，因此孟德福被視為現代議會制的創始人之一，被稱為「下議院之父」。

13 世紀圖畫，描繪西蒙・德・孟德福。

西元一二七〇年，愛德華率領十字軍遠赴敘利亞。兩年後，亨利過世，但是愛德華並沒有急著趕回英格蘭，而是先處理了一些事情之後，過了兩年才回國正式即位。這年他三十五歲，在各方面都已經有了很好的歷練。

在內政上，愛德華一世最大的成功，是在沒有發生內戰的情況之下，以立法程序就重振了王權、鞏固了王權，並且還有效消除了分裂力量，然後達成了統一，因此被後世譽為「立法者愛德華」和「英國的查士丁尼」。

現在，我們就分別來看看愛德華是如何藉著立法來消除教會和貴族的特權，從中我們可以看到他是如何有遠見，因為這些立法都相當徹底（尤其是關於如何削減貴族的特權），在當時或許還看不出明顯的效果，但都是屬於釜底抽薪式的處理，就長期來看，影響非常深遠。

在削減貴族特權方面，有以下三個重點：

● **杜絕貴族非法僭奪**。在亨利三世內戰期間，很多貴族都趁機僭取了許多非法特權，愛德華一心想要收回這些被僭奪的非法特權，同時還希望能夠防止同樣的情形再度發生，於是便在西元一二七八年下令，凡是宣稱從國王這裡獲得某種特權的領主，都必須提出能夠證明該特權的「特許狀」，否則就得繳納一定數額的金錢。

愛德華的高明之處在於，他並沒有急於在當時就要立刻拿回那些被僭奪的非法特權，但下令各個領主要開列自己所享有的特權。這樣的做法，等於就此限定了貴族特權的範圍，今後如果沒有國王的明文許可，就不會再發生有什麼新的特權被強占的現象。愛德華就這樣靠著一紙命令，以一種釜底抽薪的方式，杜絕了日後政府職權再落入私人之手的途徑。

● **禁止貴族轉讓繼承權。**西元一二八五年，愛德華下令，地產應該由合法的子嗣來繼承，而且不得轉讓給第三者。這麼一來，只要某貴族家庭沒有合法的繼承人，國王就可以收回封土，無異是破壞了封建制度的延續。

● **土地實際持有人須向國王行使封建義務。**西元一二九〇年，愛德華頒布法令，終止了「再封建」的陋習。當年「征服者威廉」在征服英格蘭後，已經規定過所有的土地均直接來自國王，但是經過一百多年的演變，到了西元第十三世紀中葉，由於「再封建」的做法十分普遍，使得封建制度變成一種非常混亂而又複雜的制度，嚴重損及到國王的利益。就以「兵役代金」為例，一塊土地，在國王與實際持有者之間可能有六、七個不同的「中間領主」，如此一來，土地實際持有者所繳納的代金，經過中間六、七個領主的剝削，最後真正到達國王手上的金額當然就少得可憐。

因此，愛德華在西元第十三世紀末公布的這項法令中規定，今後所有土地的實際持有者，都必須直接向國王行使封建義務，防止中間領主投機取巧。愛德華在同一條法令中也規定，封土可以出讓或買賣，但得主也應該直接向國王執行義務。

也就是說，愛德華同樣的並不急於立刻就明文禁止「再封建」的做法，如此就避免了可能會有的反彈，卻有效堵住了因「再封建」而對國王利益所造成的損失。

在削減教會特權方面，愛德華也頒布了兩條重要的法令：

● **永代讓渡法**。西元一二七九年頒布的「永代讓渡法」規定，今後如果沒有國王的命令許可，任何人都不得將土地捐獻給教會。這是因為在過去的觀念裡，教會沒有包括繼承稅在內的各種封建捐獻的義務，在財政上國王自然就受到了很大的損失，因此，愛德華雖然沒有立刻就要完全廢除教會在這方面的特權，但至少是著眼於未來，有效的逐漸削減教會過去所享有的特權。

● **規定教會對俗世事務的裁判權**。西元一二八五年，愛德華頒布了一項法令，詳細規定了教會在俗世事務上的裁判權。

還有一點我們絕對不能忽略的是，關於以上這些逐步削減貴族和教會的法律，愛德華是和他的議會經過討論、根據事實的需要，直接以行政命令來頒布，然後再透過巡迴法官切實執行於全國。這就是所謂「國王以立法的方式來達成統一的目的」，是愛德華在英國歷史上真正的意義和貢獻。

愛德華另外一個重大貢獻，則是建立了一個有鄉村和都市代表出席的「國會機構」。這樣的「國會」雖然不是愛德華首創，在之前西蒙・德・孟德福短暫的統治期間就已出現過，然而愛德華卻使它制度化，從而成為後來國會的典型，這是愛德華不可磨滅的功勞。

「國會」一詞，出現於愛德華的父親亨利三世的時代，但當時的「國會」實際上還是早期「大會議」的性質，成員都是高階教士和高階貴族。西元一二九五年，愛德華召開了一項會議，成員如下：

- 高階教士以及高階貴族，全部親自參加；
- 各個教區主教各帶「主教座堂神職團」團長一名、團代表一名、總輔祭一名以及教區神職代表兩名；
- 每一個鄉村，騎士兩名；以及

●每一城鎮，代表兩名。

由於這一年的會議，包含了後代國會的重要因素，在理論上凸顯了平民參與的重要，因此被稱為「模範國會」。

雖然愛德華日後所召開的國會，也不是每一次都有以上這四類人士參加，而且平民代表的重要性也還是不如貴族和教士代表，但無論如何，「平民參與國會」這樣常態性的做法和意義，在中古世紀已是非同小可了。

16 世紀描繪英王愛德華一世主持議會的景象。

此外，愛德華在征服威爾斯和蘇格蘭方面的事蹟也頗值得一提。

威爾斯戰爭發生在西元一二七七～一二九五，歷時十八年。威爾斯在愛德華時代被納入了英國的版圖，而英國也從威爾斯人這裡體認到步兵的重要，並領教到「長弓」的威力，然後加以學習，日後當英國在與法國進行「**百年戰爭**」時，就把這些從威爾斯人學習來的軍事技藝做了充分的應用。

西元一三〇一年以後，威爾斯就成為英國太子的封土，七百多年以來，凡是英國太子都擁有「威爾斯親王」的封號。現任「威爾斯親王」就是大家頗為熟悉的查爾斯王子（生於一九四八年）。查爾斯王子的第一任妻子就是戴安娜王妃（西元一九六一～一九九七年）。

而蘇格蘭的問題就比較棘手。在西元第十三世紀末，愛德華曾經計畫要以政治聯姻的方式、讓太子迎娶蘇格蘭女王（她是剛剛過世的蘇格蘭王的外孫女），來促使蘇格蘭歸併，但這個計畫因準新娘在赴英途中意外死亡而沒有成功。西元一二九六年，愛德華率軍親征蘇格蘭，不久就控制了整個蘇格蘭。可是，這只是一時的勝利，蘇格蘭貴族仍然繼續奮戰，不肯屈服。接下來，從西元一二九七～一三〇五年，愛德華每年都北征蘇格蘭，但均無功而返。在最後一次北征時，愛德華都已是一位六十六歲的老者了。西元一三〇七年，愛德華過世，享年六十八歲。蘇格蘭自此與法蘭西聯盟，繼續反抗英格蘭的併吞。

百年戰爭——「百年戰爭」發生在西元一三三七～一四五三年，斷斷續續進行了一百一十六年，是世界上有史以來歷時最長的戰爭。我們將在卷六做介紹。

愛德華一直想征服蘇格蘭，但直到英國女王伊莉莎白一世去世時，因為沒有子嗣，指定蘇格蘭王詹姆斯六世為繼承人，才促使兩國統一。

直到三百年後，西元第十七世紀初（西元一六〇三年），由於蘇格蘭王詹姆斯六世（西元一五六六～一六二五年）被英國女王伊莉莎白一世（西元一五三三～一六〇三年）指定為繼承人，成為英國國王，兩國才合併為一。時至今日，蘇格蘭是英國的政治實體之一。

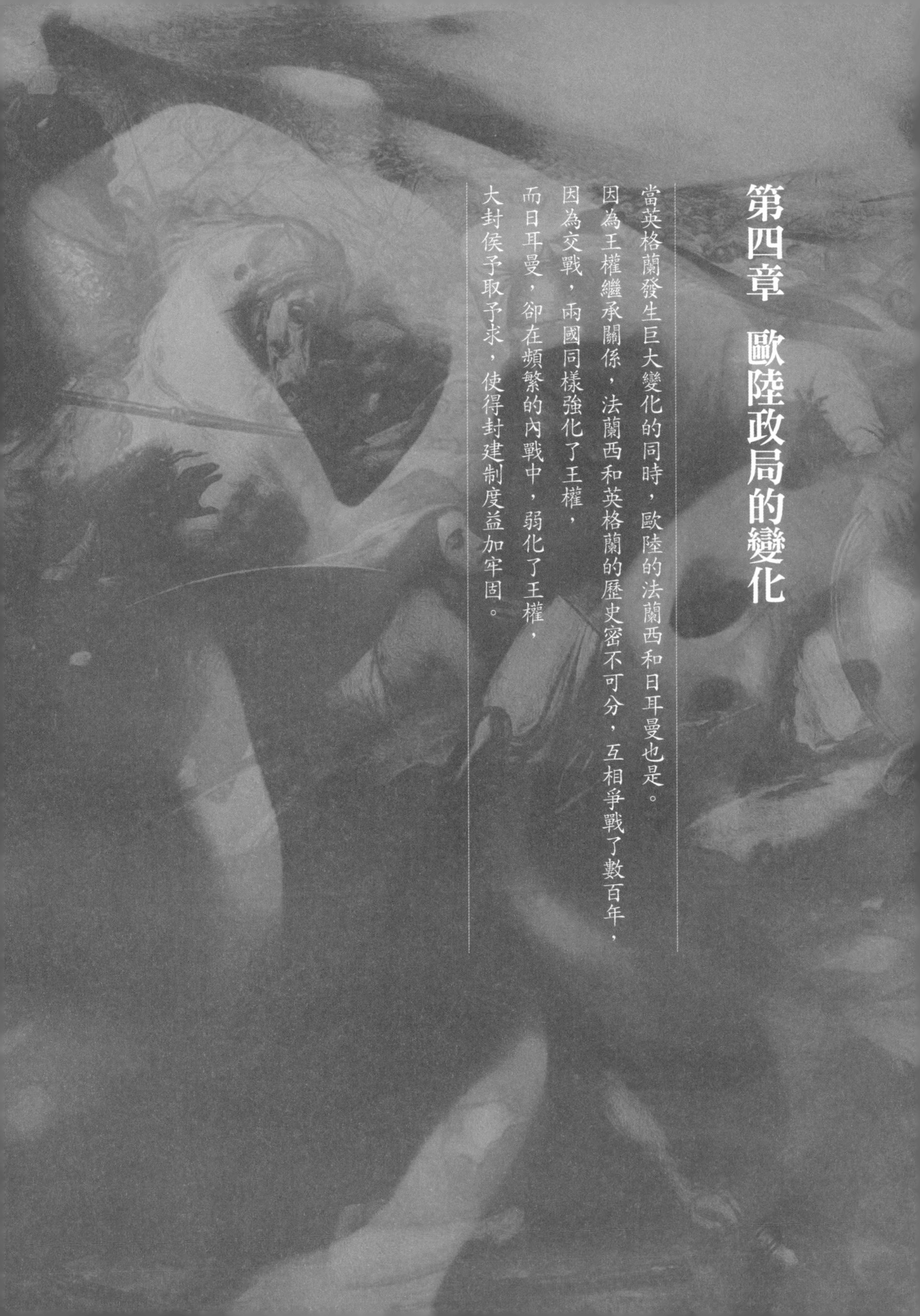

第四章　歐陸政局的變化

當英格蘭發生巨大變化的同時，歐陸的法蘭西和日耳曼也是。
因為王權繼承關係，法蘭西和英格蘭的歷史密不可分，互相爭戰了數百年，
因為交戰，兩國同樣強化了王權，
而日耳曼，卻在頻繁的內戰中，弱化了王權，
大封侯予取予求，使得封建制度益加牢固。

上一章我們講述了西元第十二、十三世紀英格蘭的變化，這一章將講述同一時期歐陸的變化，主要將著重在法蘭西和日耳曼。

1 法蘭西的王權發展與疆域擴張

首先我們要了解，在西元第十二、十三世紀，法蘭西和英格蘭的歷史是密不可分的，所以上一章中我們所提到的幾位英格蘭國王，在以下幾節介紹法蘭西的歷史時，你還會看到他們出現。

這其實也意味著，在法蘭西王權的發展過程中，有一個始終無法迴避的事實，就是來自英王的挑戰。從法蘭西路易六世（西元一〇八一～一一三七年）開始，一直到百

英王愛德華一世（紅衣跪地者）宣誓成為法王腓力四世的附庸，此關係也成了往後英法紛爭的起因之一。

年戰爭結束，英王和法王之間幾乎就是一直打來打去，永無寧日。

此外，貴族的跋扈，對於法王來說也是一個嚴重的威脅，不僅是像勃艮第、香檳、法蘭德斯等地的公侯會拒絕受命，不聽法王的指揮，就連王畿之內一些小封主也會不時興風作浪，使得卡佩王朝的國王經常都處於一種疲於奔命的狀態。

但儘管內憂外患不斷，卡佩王朝的疆域仍然不斷擴展，到了西元第十四世紀初，法蘭西已經儼然是一個大國了。

路易六世在位二十九年（西元一一〇八～一一三七年），過世後由十六歲的兒子路易七世（西元一一二一～一一八〇年）繼位。路易七世在位四十九年（一一三一～一一八〇）。在他登基的前六年是屬於與父親共治，不過，由於那時他還只是一個孩子，所以，所謂「共治」更多的只是一種形式。當年路易六世也曾經與父親腓力一世（西元一〇五二～一一〇八年）共治過卡佩王朝，那時的「共治」就比較有實質意義。在腓力一世過世的前八年，年輕的路易六世已經是當時王朝的實際統治者。或許就是由於這樣的共治經驗，當路易六世在二十七歲正式即位的時候，已經擁有相當豐富的政治經驗。

路易六世和路易七世父子倆在位時間加起來，長達七十二年（「共治」的時間也包括在內），卡佩王朝能夠順利發展主要是得力於教會的支持，路易六世時代的聖達尼修道院院長蘇石（西元一〇八一～一一五一年）更是一位關鍵性人物。

在當時法蘭西的所有教會中，聖達尼修道院的聲譽最高，而院長蘇石既是一位了不起的教士，同時也擁有相當不凡的政治才能，實際上就是路易六世和路易七世的宰相。尤其是當路易七世率軍參加第二次十字軍東征時，蘇石攝政兩年，盡忠職守，讓路易七世沒有後顧之憂。在很長一段時間裡，有蘇石院長出面協助王室，其他教會人士對於王室自然也都是全力支持。

鑲嵌玻璃上的蘇石畫像，他是路易六世時代的聖達尼修道院院長。

關於內政，路易六世的中心政策是先統一王室本土，威嚇王室直屬附庸。他選定了兩個打擊的目標，都是動輒就與王室作對、反覆無常的附庸，路易六世不僅摧毀了他們的堡壘，還沒收了他們的封土。此舉果然達到很好的震懾效果，一時之間所有的附庸都乖乖順服，到路易六世過世為止，都沒有再反抗過路易六世。

但是，路易六世在處理諸如亞奎丹、法蘭德斯等比較有實力的封國就不大成功，這些封國對王室的態度總是變來變去，完全不受國王的控制。在路易六世的晚年，他特意安排了兒子（也就是路易七世）迎娶年齡相仿的亞奎丹公主艾莉諾（約西元一一二二～一二〇四年），藉著政治聯姻把亞奎丹拿了過來。

只是沒想到這樣的「效果」只是暫時性的，還使得日後的政局異常複雜。首先，是路易七世和艾莉諾兩人的性格嚴重不合，婚姻勉強維持了十幾年之後，終於還是在西元一一五二年離婚。其次，僅僅過了幾個月，時年三十歲左右的艾莉諾就嫁給了諾曼第公爵。這第二任丈夫是艾莉諾自己物色的。雖然新郎才十九歲，但年紀輕輕就已經是諾曼第公爵，前程不可限量，放眼當時的歐洲，艾莉諾認

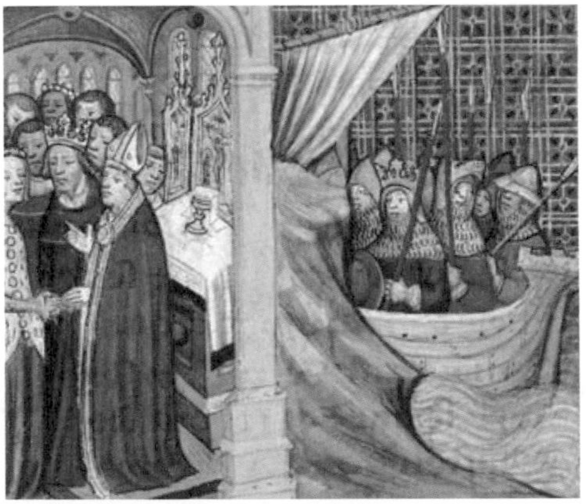

14 世紀關於法王路易七世的繪畫，左邊畫的是一幅他於 1136 年與艾莉諾成婚，右邊則表現他於 1147 年參加第二次十字軍東征。

亞奎丹公主艾莉諾離婚後嫁給諾曼第公爵亨利二世，後來亨利二世成為英格蘭國王。

為他絲毫不比路易七世遜色。

而對諾曼第公爵來說，儘管新娘比自己要年長十幾歲，但一來他的母親也比父親要年長十一歲，「老妻少夫」在這個家庭根本見怪不怪，再加上艾莉諾有那麼豐厚的嫁妝，年齡的差距就更不是問題了。於是，他很高興的答應了這門婚事。

而路易七世怎麼也沒料到前妻竟然會這麼快就再度嫁人，而且還是嫁給自己的眼中釘！想到自己把富饒遼闊的亞奎丹公國拱手讓給諾曼第公爵，路易七世的氣就不打一處來！

他氣昏了頭，竟然莫名其妙就向這對新婚夫婦宣戰！這場荒唐的戰事最後是以路易七世的落敗而告終。而更令路易七世喪氣的事還在後頭；第一，再婚後的艾莉諾一年後就生下一個兒子，雖然這個孩子後來在三歲的時候夭折了，但艾莉諾除了這個孩子，又陸續生了四子三女，而當初路易七世執意要離婚的理由之一可是艾莉諾生不出兒子，因此路易七世頓時就成了全歐洲的笑柄；第二，艾莉諾再婚兩年後，她的夫婿竟然加冕成了英格蘭的國王！

是的，艾莉諾的第二任丈夫，就是我們在上一章中講述過的英王亨利二世。

艾莉諾與路易七世只有兩個女兒。路易七世第二任妻子也只生了兩個女兒，妻子還因難產而死。路易七世直到四十三歲娶了第三任王后，才總算有了一個兒

深富權謀的法王腓力二世畫像，收藏於凡爾賽美術館。

子，卡佩王朝的繼承問題才終於獲得解決。

這個得來不易的男孩就是腓力二世（西元一一六五～一二二三年）。

腓力二世在位的時間相當長，近半個世紀（西元一一八〇～一二二三年）。當他即位的時候，年僅十五，由於父親路易七世的能力不太強，在位前半期又一直為了婚姻問題、子嗣問題焦頭爛額，所以只能勉強算是維持了一個小康的局面，沒有什麼太大的作為，腓力二世所繼承到的王權自然十分有限。

不過，腓力二世比父親要能幹得多，他在位四十三年，不僅限制了各大封國的對外擴展，還併吞了英王在法國廣大的封土，到他逝世的時候，卡佩王朝的疆土足足增加了四倍。腓力二世成了中古世紀法蘭西第一位名符其實的國王，當時的百姓甚至尊稱他為「奧古斯都」，不用說，這絕對是一大讚美。

其實，早在路易七世的時代，就想盡辦法運用種種政治手段（簡直可以稱之為「陰謀」）來阻撓英王的發展。譬如，還記得我們在上一章中提過，亨利二世曾經與坎特伯里總主教多瑪斯．貝克特因為意見相左，有八年的時間都鬧得不可開交嗎？當時路易七世就偷偷奧援貝克特；又如，當日後亨利二世的三個兒子先後領導貴族反叛時，路易七世也總是私下用金錢來鼓勵他們不斷跟爸爸作對。

腓力二世繼位以後，繼續執行這樣的做法，支持亨利二世兒子們的反叛行為，等到亨利二世過世，理查繼位（就是我們在上一章也介紹過的理查一世「獅心理查」），腓力二世又支持理查的弟弟約翰（就是那位「無地者」）來反抗理查。

西元一一九〇年初，法王腓力二世與英王理查一世一起參加第三次十字軍東征。這本來是一大盛事，但兩個國王從西西里到巴勒斯坦，一路上爭執不休，很不愉快。次年七月，腓力二世以身體不適為由提前班師回國。他一方面是由於和理查不合，另一方面其實也有政治盤算；當時，腓力二世的岳父法蘭德斯伯爵剛剛去世不久，腓力二世急著想要趕回國內去分享這一塊封土。同時，他還盤算著或許可以趁理查遠在巴勒斯坦的時候，伺機奪取一些理查在法蘭西的封土。

不僅如此，腓力二世甚至還和理查的弟弟約翰密謀，承諾如果約翰同意放棄在法國的封土，他將會協助約翰成為英格蘭王。當這項陰謀正在進行的時候，獅心理查在返回英格蘭的途中在奧地利被抓，隨後又被轉交給日耳曼皇帝。腓力二世一獲悉這件事，立刻以重金賄賂日耳曼皇帝，希望日耳曼能長期扣留理查。不過，與此同時，理查的使者也用重金活動日耳曼諸侯，要求日耳曼釋放理查。在兩股力量互相角力之下，理查後來終於贖回自由，腓力二世的陰謀沒有實現。

五年後，約翰在爭議聲中即位（因為有一個侄子與他爭奪王位繼承的合法性），腓力二世看約翰的地位不夠穩定，再加上約翰又缺乏理查的個人魅力、無法得到貴族的信任與真心效忠，於是腓力二世把握這難得的大好機會，巧妙運用英國王室內部的矛盾，來擴張自己的領地。

在一連串政治衝突與周旋後，西元第十三世紀初（西元一二〇二年），英法兩國正式爆發了戰爭。腓力二世多管齊下，或用金錢賄賂，或用武力占領，取得了一系列的勝利。三年多後，約翰在法國的封土幾乎全部都被腓力二世給拿走。

約翰被迫退返英格蘭後，自然是迫切的想要反攻。他先透過外交手段在西元一二一二年組織了一個大同盟，成員包括了日耳曼的皇帝。翌年，腓力二世亦得到教宗的授權，準備進攻英格蘭。面對法軍的來勢洶洶，約翰想出一個計策，趕緊將英格蘭獻給羅馬教宗，自認為是教宗的附庸，然後又收回做為采邑，這麼一來，腓力二世就失去直接攻擊英國的藉口。但這樣的做法，其實也大大損傷了約翰自己在國內的威望。

西元一二一四年，約翰認為時機成熟，聯合日耳曼皇帝鄂圖四世（西元一一七五～一二一八年），計畫南北夾攻法蘭西，企圖一舉擊敗腓力二世，不料聯軍在法蘭德斯的布文遭到嚴重的挫敗，幾乎全軍覆沒。

「布文戰役」在中古史上有著極為重要的意義：

● 可以說終結了鄂圖四世的政權，也意味著德國主宰歐洲的時代宣告結束，法國繼而成為歐陸最強大的基督教政權。

● 由於腓力二世在此役中雇了很多傭兵，這是中古史上首次出現由都市人民組成的軍隊，並且還擊敗了傳統的貴族騎士，象徵著中等階級的抬頭。

● 就卡佩王朝來說，這一次的英法對戰真是成果斐然；不僅領土擴張，國王在法蘭西人民心目中的地位也大幅提升，不再只是一位封建領主，而是真正了不起的一國之主了。

布文戰役中的法王腓力二世。

2 法蘭西王權的鞏固

關於在西元第十二、十三世紀法蘭西王權的鞏固，我們要介紹兩位國王，剛好是一對祖孫。

◆路易九世

路易九世（西元一二一四～一二七〇年）是我們在上一節中介紹過的腓力二世的孫子。

他的父親路易八世（西元一一八七～一二二六年）在身為太子期間，也是一位積極的領導者，當腓力二世在與英王約翰作戰的時候，還曾因為在軍事上出色的表現而贏得了「雄獅」的稱號，但是後來即位僅僅三年（西元一二二三～一二二六年）便因病過世。路易九世即位時年僅十二，因此接下去的九年都是由母親白蘭雪（西元一一八八～一二五二年）攝政。

對於貴族來說，國王的年紀還那麼小，朝政掌於婦人之手，無疑正是反叛的大好良機，於是一個個都蠢蠢欲動。不過，他們無法同心同德，又

法王路易七世與母親白蘭雪共掌朝政，繪圖出自1240年的《聖路易聖經》。

缺乏組織和計畫，而時年三十八歲的白蘭雪卻在面對種種挑戰時應對得宜，十分冷靜和果斷，最後終於平息了貴族的叛亂、控制住了局勢，並且還在往後讓法蘭西的各方面都發展順暢，蒸蒸日上。

白蘭雪非常注重路易九世的教育。在母親的影響下，基督教的種種思想可以說是深入了他的骨髓，成為他人格的一部分。日後路易九世之所以能夠廣受眾人的景仰，在他過世近三十年之後還被羅馬教廷追認為「聖徒」，獲得「聖路易」的尊號，就是由於他高尚的人格。

以當時中古歐洲的標準來看，一位了不起的國君要具備三個條件：擁有虔誠的基督教信仰、參加十字軍東征，以及執法公正，這三個條件**路易九世**都具備。此外，他每天做兩次彌撒，每晚就寢前至少念五十遍《聖母經》，每天半夜就起身準備參加教堂裡的晨禱、經常捐錢給教會，還會親自為窮人洗腳、服侍痲瘋病人吃飯……諸如此類，不僅讓路易九世被奉為中古世紀法蘭西、乃至整個歐洲君主中的楷模，還有了一個叫做「完美怪物」的綽號。

路易九世親政三十七年，儘管沒有像祖父腓力二世那樣大肆擴張領土，卻使卡佩王朝真正受到人民的愛戴與尊重；後世學者總結認為，腓力二世擴張了卡佩王朝的疆土，而路易九世則是增強了人民對於卡佩王朝的認同感和向心力，這麼

路易九世——路易九世發起過第七次和第八次十字軍東征，是十字軍東征史末期的重要人物。這兩次東征原本都形勢大好，但不久就都不巧因為碰到瘟疫來搗蛋，而形勢逆轉。後來路易九世甚至還因為瘟疫而死在北非沙漠。

一來，對於王權的鞏固，自然也是大有助益。

不過，他對基督教的虔誠，同時也為法蘭西帶來了傷害，譬如他嚴禁異教的傳播、設立火刑場和異端裁判所等等。路易九世對待猶太人的態度尤其嚴苛，不但燒毀了他們的經書，還強迫他們佩戴猶太人的標誌，這些都成為路易九世施政上的污點。

整體而言，由於路易九世是一位愛好和平、不喜歡用武力解決問題的國王，這也在很大程度上提升了他的國際聲望。有一個事例很能說明這一點。還記得我們上一章在講述英國憲政的發展時，曾經提到過英王亨利三世與西蒙・德・孟德福之爭吧？當時英國貴族曾經特別敦請路易九世來做仲裁，雖然後來路易九世的意見沒有被西蒙・德・孟德福所接受，但光是憑著英格蘭的內政紛爭居然會請法蘭西的國王來做仲裁這一點，就可見

路易九世試圖透過外交手段來和平解決英法之間的衝突，於是在西元 1259 年簽訂巴黎和約。

法王路易九世有「聖路易」尊號，此圖描繪他在英王與貴族之間調停的情景。

當時路易九世是多麼的受人尊敬。

還有另外一個例子，那就是路易九世原本是想用和平的外交手段來解決和英王亨利三世的衝突，之前他就是這樣解決了與西班牙邊境的糾紛。只可惜法蘭西與英格蘭之間的問題要複雜得多，儘管在西元一二五九年雙方簽訂了著名的「巴黎和約」，為了和平，路易九世也做了若干讓步，把一些土地還給了亨利三世，來交換亨利三世放棄對諾曼第和安茹的一切權利要求，同時還要求亨利三世為其在法國所持有的領土而向法王行覲見禮。但後來事實證明路易九世的期待還是落了空，英、法之間關於土地的爭執，要一直到「百年戰爭」以後才能解決。

腓力四世的功與過

腓力四世（西元一二六八～一三一四年）出生的時候，正值祖父路易九世統治的末期。他是次子，三歲喪母，父親在另娶之後對他不太關心，他從小在複雜的宮廷鬥爭中長大。八歲那年由於長兄過世而成為王位的繼承人，後來在十七歲的時候（西元一二八五年）繼位。

腓力四世身材高大，英俊瀟灑，被時人稱為美男子。他與祖父和父親不同，

法王腓力四世是聖路易的孫子，有美男子之稱，十七歲時即位。

對於凡是需要遠離法國本土的一切征戰都毫無興趣，只一心致力於法蘭西本土的統一，以及王權的鞏固。

在他即位的時候，卡佩王朝的疆域除了勃艮第、洛林等少數幾個地區之外，已經包括了今天法國的全部。在路易九世的時代，卡佩王朝已經進入許多政治制度發展的重要時期，而腓力四世最大的貢獻則是一方面鞏固舊有的制度，一方面也開始進行一些新的改革，逐漸使王權脫離封建制度的束縛，而開始所謂的「官僚政治」。腓力四世可說是「現代法國王權」的創始者，他所任用的都是有專才的官吏，以前那種依賴封建貴族來提供人才的時代就這麼過去了。

不過，腓力四世的行事作風和他祖父截然不同，按書上形容，他是一個「不擇手段的政治野心家」，「為了鞏固王權，可以不顧道德，不顧人民公憤，甚至不顧自己所支持的國家法律」。

腓力四世至少被控訴有兩大罪狀：

● **阿南伊暴行。**西元一二九六年，羅馬教宗鮑尼法斯八世（約西元一二三五～一三〇三年）規定，所有教士如果沒有獲得教宗的同意，不得向世俗君主納稅。這當然引起英、法兩國國王的反彈，而法王腓力四世的反擊尤為激烈。他先於西元一三〇一年譴責法王侵犯教權，翌年又召開會議，宣布教宗無權干涉法國內政，還揚言要審判教宗。不久，當他獲悉教宗準備宣布革除自己的教籍時，竟趕在前一天派人到教宗鮑尼法斯八世位於阿南伊的住所將其綁架，然後毆打他、還讓他倒騎著馬遊街。後來教宗雖然被救了出來，但老邁的他受到極大的驚嚇，且尊嚴盡失，沒幾天就死了。

● 解散聖殿騎士團。聖殿騎士團自第一次十字軍東征時期創立以來，在巴勒斯坦地區有諸多貢獻，而聖殿騎士團自成立以來因持續得到國君、教會、貴族以及小老百姓的捐獻，早就成為一個非常富有的組織，各大都市都有他們的會院。往後再隨著工商業的興起，他們也開始經手銀行匯款、存款、貸款等業務，轉眼之間各國帝王和羅馬教宗都不知不覺成了他們的債務人，腓力四世也是，而且金額巨大，傾全法國的收入都不夠清償。於是，腓力四世便企圖把聖殿騎士團解散，如此一來，不僅債務可以一筆勾銷，還可以將騎士團的財產全部充公。

該怎麼做呢？他揪住聖殿騎士團競爭對手對其不負責任的謠言中傷，從西元

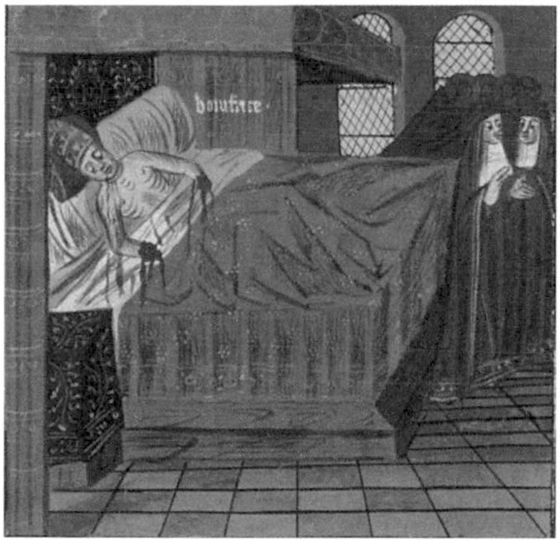

法王腓力四世行事風格備受爭議，據說他曾凌虐年老的教宗鮑尼法斯八世，造成他驚嚇致死。

一三〇五年開始，讓一群御用法學家以異端的罪名，開始有計畫的進行一系列不利於聖殿騎士團的宣傳。

這時，繼位的教宗是克雷芒五世（約西元一二六〇～一三一四年）正好又是經腓力四世大力支持才上臺的。克雷芒五世一登位，立刻就把法國教會領地稅收的百分之十獻給國王，這更讓腓力四世無所顧忌；由於克雷芒五世也需要腓力四世的協助來對付羅馬派的反對勢力，在迫於壓力、同時也是出於私利的情況之下，克雷芒五世便同意腓力四世處理個別武士的異端問題，而整個騎士團的異端問題則計畫要交由西元一三一〇年召開的大型會議來處理。

然而，還沒等到那個時候，從西元一三〇七年開始，從法國展開了基督教會史上前所未有的大冤獄，一直延伸到英格蘭、西班牙、葡萄牙、塞浦路斯，光是巴黎就有數十名騎士被判定是異端，然後被判處殘忍的火刑。

西元一三一一年，教宗克雷芒五世以「有異端嫌疑」為由，下令解散聖殿騎士團，武士們都被迫改為加入醫院騎士團。腓力四世也立刻跟進宣布將聖殿騎士團在法國的財產全部充公，至於不動產則由醫院騎士團向國王出資來購買。

腓力四世與他所支持的教宗克雷芒五世，以極端手段對付異端分子。

不過，聖殿騎士團在其他國家的遭遇不盡相同；在英格蘭，他們的財產賣給了律師公會，他們在倫敦的會院到現在還是律師公會的總部，而在西班牙則是由新興修會接收了聖殿騎士團的財產。

西元一三一四年四月，聖殿騎士團最後一位會長在巴黎遭火刑處死。臨死前，他仍然否認個人和騎士團的所有罪名，除了控訴遭到不公的迫害之外，還預言在這場迫害中包括腓力四世、克雷芒五世等在內的幾個主謀，都將在一年之內去天主跟前報到，解釋這場冤獄。巧合的是，一個月之後，克雷芒五世果真死了，享年五十四歲，半年之後，腓力四世也死了，享年四十六歲。當時幾乎人人都相信，這就是無故迫害聖殿騎士團的報應。

腓力四世過世後，留下一個疆域廣大、且組織穩固的國家。西元第十四世紀初，法蘭西還談不上是「現代國家」，而且法蘭克人也還沒有像今天這樣清晰的國家觀念或是民族意識。然而，只要我們稍加評估與衡量，就會發現此時卡佩王朝的國王顯然已經能夠用制度（譬如立法）來統治國家，而法蘭西也已經朝著現代國家的方向在穩健的邁進。

3 法蘭西政治制度的發展

雖然法國真正的專制政體要到西元第十七世紀以後才告完成，但是在西元第十二、十三世紀的這兩百年中，經過腓力二世、路易九世等國王的努力，到了腓力四世的時代，法國的專制王權已經粗具雛形。

腓力四世之所以敢正面跟羅馬教宗鮑尼法斯八世發生激烈的衝突，就是因為有「一國之主」這樣的底氣，而這分底氣也是來自於堅定的信念，相信自己是受到全國人民的支持，否則「與羅馬教宗對抗」，這在過去可是前所未聞的事。

這顯示出在腓力四世主政時期，王權已相當鞏固。

當然，王權的鞏固是經歷了漫長時日的發展，主要措施是官僚制度的建立和軍隊的改制。這兩項重要措施都是以城鎮中等階級為基礎，可以說在法國的歷史上，中等階級的興起與王權的發展有著非常密切的關係。

軍隊的改制

我們先簡單看一下關於軍隊的改制。

封建時代，軍隊都是由騎士所組成，而騎士的來源則受制於各個階層的封建關係，也就是說，卡佩王朝一直沒有一支能夠由國王直接指揮和完全控制的軍隊，總是必須仰賴少數直屬的附庸。因此，卡佩王朝的國王就跟英格蘭的國王一樣，也急於擁有一支能夠不受封建制度約束的軍隊。

為了達到這個目標，腓力二世時代開始採取「兵役代金」的方式來雇用傭兵，而事實也很快便證明，雇傭來的軍隊不僅可靠，還非常的有效，西元一二一四「布文戰役」，腓力二世的「新軍」大敗日耳曼皇帝鄂圖四世的「舊軍」，就是一個最佳例證。

法王腓力二世在布文戰役中，以「兵役代金」採雇傭兵，成功打敗日耳曼軍隊。

官僚政治的發展

接下來，我們要來了解一下法蘭西的官僚政治是如何發展。

說起來這主要也跟法蘭西疆土的擴展有關。疆土的擴展，自然會影響到地方和中央行政制度的改變。

早期卡佩王朝的「中央政府」，是由國王以及所謂的「王廷」組織而成，由於事務單純，且公私不分，王廷的官員大多是來自王家的各級傭僕，國王頂多再任用一批教士和非教士的附庸，來處理國家大事。可是隨著王朝的發展、疆土的不斷擴大，事務逐漸複雜，過去的做法就行不通了。有很多特定的重要事務、尤其是經濟與法律，國王需要有一些專業人士來協助處理。

在腓力二世主政時期，已經開始逐漸發展官僚政治。由於這是羅馬法復興的時代，因此腓力二世也開始任用一些對羅馬法有研究的中等階級人士，然後本著公、私事務區分的原則，讓有些人負責處理王廷裡有關法律的事務，有些人則負責經營國王私產，或處理賦稅事務等等。

在國王的授意、甚至可說是指導之下，王廷專業化的發展趨勢愈來愈明顯。到了腓力二世的孫子路易九世的時代，所謂的「王廷」已明確發展成專門處理政府日常事務的機構，至於國王的家務則另有「王室」這個機構來負責。

接下來，「王廷」又慢慢發展出三個重要的單位：

● **法院**。這是王廷最早出現的部門。大約在西元第十三世紀中葉（西元一二四七～一二五〇年）出現了好幾種「特別司法委員會」的組織，人數和任務範圍都還沒有固定。西元一二五四年以後，這些委員會開始保存會務檔案，若干委員會並合組為「法院」，最初是每年開會四次，西元第十四世紀中葉以後就延長會期而改為每年一次。

法院院址固定在巴黎，下面共分四個單位，分別是「民事部」、「請願部」、「調查部」和「法律登記部」。由於所有的新法律或行政命令，都必須先在巴黎法院登記之後才能生效，因此儘管巴黎法院本來是一個司法機構，卻逐漸演變為一種「半立法機構」，在政治上的分量愈來愈重，後來甚至因其能夠接受或拒絕登記國王的命令（包括一條新的法律），日後還直接影響了國王的政策。

財政部。這個部門最初只是一個臨時性質的委員會，專門負責解決某些重要的財務問題，每年開會三次，到了西元第十三世紀末（西元一二九五年）成為永久性的財務部，負責登記所有財政法令、掌管地方政府所繳納的賦稅，以及控制國家的開支等等。西元第十四世紀上半葉，財政部被正式設定為一個行政部門。

咨詢會議。分為「樞密院」和「大會議」兩種，前者是由二十五人組成，但成員每月更換一次，由國王自由任命，主要任務是頒施大赦等等，以及處理其他沒有人專職管理的重要事務；後者則由國王的附庸（也就是教士與非教士）以及政府各大臣組織而成，負責協助國王處理一般政策性的事務。

值得注意的是，雖然「樞密院」從腓力四世的時代就已經開始執行職務，但直到腓力四世之子、**腓力五世**（西元一二九三～一三二二年）在西元一三一六年即位以後，同年成立正式的機構。此外，「大會議」後來擴展為「全國三級會議」。

國王徵詢人民的意見，原本就是一種由來已久的封建習慣，但在腓力四世的時代，正式召開了幾次「全國三級會議」，其意義就絕不只是徵詢人民的意見而已了。譬如西元一三〇二年第一次召開「全國三級會議」時，是因為腓力四世和羅馬教宗鮑尼法斯八世發生衝突，腓力四世需要得到全體人民的支持；西元一三〇八年第二次召開，是因為腓力四世要推行反聖殿騎士團的政策，

法王腓力五世的畫像，據說他很高，所以被稱為「長軀王」。此圖收藏於法蘭西國立圖書館。

腓力五世——腓力五世是腓力四世的次子。西元一三一四年腓力四世過世後，王位由長子路易十世（西元一二八九～一三一六年）繼承，但路易十世在位僅僅兩年就死了，當時他的妻子懷有身孕，五個月後嬰兒出生，貴族們見是一個男孩，便接受這個遺腹子約翰一世（西元一三一六年十一月十五～十九日）繼位，由腓力五世攝政，然而因為小嬰兒沒幾天就夭折了，於是便又改為由腓力五世繼位。

希望能夠得到人民的諒解；西元一三一四年第三次召開，則是為了要計畫徵收新的賦稅，希望人民接受。

英、法官僚政治的比較

不少後世學者都曾比較過英國的國會和法國的全國三級會議，因為它們出現在相同的時代，後來的發展卻完全不一樣，前者慢慢演變成政府的一部分，後者卻始終只停留在國王咨詢機構的層次。為什麼會有這麼大的不同？

有一個重要因素是，法國的疆土遼闊，國王召集全國性的會議對於普通小老百姓來說，實際上是一個極大的負擔，人民往往寧可在地方會議上和國王代表談判，而不願長途跋涉去巴黎開會。再加上全國三級會議既沒有司法權（司法權由巴黎法院執行），又沒有經濟權（經濟權由地方會議執行），難怪不能演變成像英國的「國會」。

在法國，能夠發揮政治力量的其實是地方會議，地方會議往往能利用經濟壓力來獲得國王的各種讓步。不過，既然是地方會議，可想而知大家一定都是以自己地盤的利益為優先，很難做到團結一致。

於是，法國的全國三級會議就愈來愈沒有分量，到了西元第十五世紀中葉以後，國王就幾乎完全停止再召集這一類的會議，直到西元第十八世紀末，它才脫胎換骨成為「國家會議」。

腓力二世在內政上最大的改革，就是重劃行政區域，並建立一套新的地方官員制度。

過去，主管地方政府的是「縣長」，他們原來大多都是國王的家臣，被派到各個地方，代表國王徵收賦稅、解決糾紛、處理各種案件等。為了酬謝他們的辛勞，國王就會賜之以土地，久而久之這些縣長就成了貴族，在地方上擁有較大的勢力，無形之中對王權自然就形成了威脅。

於是，腓力二世將幾個縣合併為一個「州」，再從中等階級或貴族中選拔出「州長」，同時，把縣長的職務局限在關於修路、造橋和防禦等工程的管理，至於地方財政、司法、行政等大權，則通通改為交由州長來負責。州長的酬勞不是土地，而是金錢。他們經常調遷，每年必須赴巴黎三次向國王做工作報告，沒有固定的任所，無法像以前的縣長那樣，在地方上培養自己的勢力。

除了徵收賦稅，州長另外一個重要的職責是執法。州長形同地方法院的法官，代表國王處理案件。在西元第十三世紀以後，儘管封建法庭和教會法庭還繼續存在，但是從腓力二世以後，一方面由於國王「保留案件」的數目愈來愈多，另一方面在專業法學家不斷的精進之下，國王法庭的組織和程序都愈來愈精細，效率也愈來愈高，所以愈來愈受到人民普遍的認可與歡迎。總之，封建法庭雖然仍繼續存在好幾百年，可是從腓力二世的時代以後就明顯的日趨沒落了。

縱觀西元第十二、十三世紀的英國和法國政府，我們會發現，雖然它們都還沒有完全擺脫封建制度的種種習俗，可是在觀念上已經趨向「現代國家」，國王也不再只是靠著封建關係來控制許多的人與事。

不過，即使法王腓力四世所頒布的地方「許可狀」和英國的「大憲章」頗為類似，但在執行力度上，兩者卻是迥然不同；英國的王權可以說是幾乎普及於全國，而法國則無法做到這一點，很多重要的封國、尤其是「**親王采邑**」，都是王權無法直接控制的地區。

其次，英國的「公法」逐漸通行於全國，慢慢代替了地方的習慣法，而法國的情況則要複雜得多，各地都有不同的法律，就連國王直接統治的地區也會有不同的法律，巴黎最高法院所處理的案件方式也不能成為先例，讓人莫衷一是，十

親王采邑——卡佩王朝從一開始就繼承了國王諸子分封的做法，不過，因為早期的卡佩國王都是「小家庭」，所以還挺單純的，等到之後的國王，子嗣較多，「親王采邑」的做法就成為導致政治混亂的原因之一，對王權形成了直接的威脅。

分困擾。

再加上英、法兩國的政府工作人員也有基本上的不同。法國無論中央或地方政府的官吏，都來自中等階級或貴族的專門人才，英國則只有中央政府的官員是來自中等階級的專門人才，地方政府則是由地方人士來擔任，不僅對於地方事務比較熟悉，對於地方的利益自然也會比較關心。

從以上這些現象都可以看得出來，與英國相較，西元第十二、十三世紀的法國，政府已經逐漸和人民脫節了。

4 日耳曼政局的變化

在西元第十一世紀下半葉至第十二世紀上半葉，當英格蘭和法蘭西的封建制度都正逐漸走向衰落、王權逐漸增強的時候，日耳曼的政治則是走向一條完全相反的道路；頻繁的內戰，使得日耳曼的封建制度益加牢不可破。

因為每次一爆發內戰，交戰雙方為了爭取更多的支持，總不免會將土地和特權分賜給親信的貴族，而各大封侯也趁著這樣的機會屢屢索要更多好處，鞏固並擴大自己的封地。就這樣，這些大封侯慢慢強占了很多采邑和職位，之後再將它們傳給自己的子弟。同時，在他們的封土內，城堡也愈來愈多，且都是交由他們信得過的家臣來鎮守。

一些階層較低的貴族和騎士見大封侯如此，也跟進仿效，紛紛強迫那些小佃農出讓土地，許多小佃農都因此被迫成了農奴。總之，日耳曼充滿著領主附庸的封建之風，就連一些地方主教也不能免俗成為了領主，至於那些地方豪強就更是囂張，形成「人人都有領主，人人都有附庸」的局面，封建體系森嚴的涵蓋了整個日耳曼社會。

這些封侯不僅忙著鞏固自己在國內的勢力，同時也積極向外擴展。譬如在西元第十二世紀中葉（西元一一四七年），日耳曼諸侯就組織了十字軍，向東方的斯拉夫人宣戰；又如之後的條頓騎士團更是打著傳播基督教信仰的旗幟，而沿著波羅的海建立了一個「神權封國」。雖然這對日耳曼在東歐的殖民可以說貢獻卓著，可也為近代帶來了相當棘手的國際問題。

還記得條頓騎士團吧？我們在第二章講述十字軍運動的時候，曾提到過這個組織，這是在第三次十字軍東征的時候，由一批日耳曼騎士所組織而成，成立的目的和另外兩個組織（聖殿騎士團、醫院騎士團）大致一樣，都是以武力來支持十字軍運動，裡頭的成員都是過著修道院院士的生活。

原本這三個騎士團都在巴勒斯坦活動，條頓騎士團後來是怎麼把勢力擴及到波羅的海的呢？事情還得從西元第十三世紀上半葉開始說起。

西元一二二九年，波蘭國王懇請條頓騎士團來幫忙對付當地的外教民族，條頓騎士團在獲得羅馬教宗的批准以後，便從巴勒斯坦移駐到了普魯士。在此之前，成立於西元一二〇四年的「聖劍騎士團」（比條頓騎士團還要早二十五年），已經在波羅的海東岸從事「武力傳教」，在條頓騎士團來到普魯士之後七年（西元一二三六年），聖劍騎士團在戰場上受到重挫，便於次年與條頓騎士團合併。

在波蘭及東日耳曼貴族的協助下，條頓騎士團開始有計畫的征服普魯士，強迫人民接受基督教信仰。一開始，成果似乎相當不錯，但後來就愈來愈不妙；西元一二四〇年，他們攻下了俄羅斯的普斯科夫（是一個位於現今俄羅斯西北部的古城），可是隔年他們和波蘭的聯軍就在列格尼察（今波蘭西南部城市）被蒙古人擊敗，又過了一年，他們甚至被逐出了俄羅斯。

由於這樣的緣故，再加上普魯士當地民眾也不斷的叛變，因此在西元一二五四年歐洲各地還發動了一次十字軍來支援條頓騎士團。在接下來的十幾年中，原來的普魯士人幾乎全部都被條頓騎士團所殲滅，從此普魯士就變成日耳曼的殖民地。雖然在下一個世紀中，條頓騎士團曾企圖征服立陶宛，但沒有成果，可是在西元第十四世紀中葉，條頓騎士團還是據有不少領土，包括普魯士、愛沙尼亞、波美拉尼亞和庫爾蘭，也就是波羅的海東岸全部都成了條頓騎士團的勢力範圍。

在這段時期，新建的一些城鎮，後來組織成「漢撒聯盟」，在西元第十四、十五世紀的時候，控制了整個波羅的海地區的商業。

西元第十二世紀中葉，亨利五世（西元一〇八一～一一二五年）過世以後，日耳曼就產生了激烈的黨爭，政局陷入一片混亂。

起因是由於亨利五世沒有子嗣，所以他在生前就將自己的封土轉讓給外甥施瓦本公爵腓特烈，並指定腓特烈為王位繼承人。西元一一二五年，亨利五世過世，享年四十四歲。可是腓特烈沒能順利繼承王位，這是因為他和已故的父親過去一直都是支持亨利四世和亨利五世，而對羅馬教宗及日耳曼貴族不太友好，因此，亨利五世一死，在總主教的領導之下，羅馬教宗就和貴族聯合起來排除了腓特烈，而推選薩克遜公爵洛泰爾三世（有時也稱二世，西元一〇七五～一一三七年）為日耳曼王。

最初腓特烈倒也並不反對「讓賢」，不過他要求擁有亨利五世生前許諾給他

聖劍騎士團的騎士，這是成立於 1202 年的一個軍事修會。

的土地，結果遭到洛泰爾三世的斷然拒絕，洛泰爾三世認為那些土地並非亨利五世的私人財產，而是屬於日耳曼國王，所以，所謂「亨利五世許諾」這樣的說法是沒有道理的。於是，腓特烈憤而聯合胞弟，在亨利五世過世同年起而叛變，但很快便被平定，洛泰爾三世即位。

然而事情到這裡並沒有結束。

腓特烈所屬的霍亨斯陶芬家族，在亨利四世的時代已經是日耳曼非常重要的家族，他們靠著亨利四世的贈予，以及從政治聯姻中的獲利，擁有了廣大的封地，勢力相當龐大，放眼整個日耳曼，只有韋爾夫家族可以與他們相提並論。這兩個家族原先並沒有發生過什麼直接的衝突，直到洛泰爾三世成為日耳曼王以後。洛泰爾三世讓獨生女嫁進了韋爾夫家族，韋爾夫家族從此投向洛泰爾三世的陣營，成為霍亨斯陶芬家族的政敵，雙方展開激烈的黨爭，甚至還影響到了義大利的黨爭。

我們就先來介紹一下關於義大利的黨爭吧。在

14世紀時發生在義大利的「果爾弗」與「吉白林」戰爭。

義大利的黨爭是「果爾弗」與「吉白林」之爭，這兩個名字與日耳曼的黨爭淵源極深，「果爾弗」是「韋爾夫」的變音，「吉白林」名稱則來自霍亨斯陶芬家族的一座著名堡壘。這兩派的黨爭延續了幾百年之久，造成義大利城邦內部的政治混亂，以及各城邦之間不斷的戰爭，到了西元第十三世紀乃有「地域城邦」的出現，包括米蘭、佛羅倫斯等等。而羅馬教宗因為參與了黨爭，不僅影響了教會的聲譽，後來甚至連教廷也被迫遷至亞維儂，史稱「巴比倫流亡」，羅馬教廷自此一蹶不振，喪失了領導地位。

說到這裡，我們不妨再稍微回顧一下，在西元第十二、十三世紀，日耳曼雖然出了幾位英明又有魄力的皇帝（神聖羅馬帝國的皇

一幅充滿諷寓的羅馬地圖，將教宗流亡亞維儂時期的羅馬比為寡婦。

帝），但他們都一心追求要建立一個超越國家概念的「基督教共和國」，而不是類似同一時代英格蘭和法蘭西那樣的「民族國家」。與此同時，羅馬教會也出了幾位傑出的教宗，且同樣也期望能夠實現「基督教共和國」的理想。於是，兩者互相衝突的結果，不僅日耳曼皇帝和羅馬教宗無論哪一方都沒能實現他們的理想，還兩敗俱傷，反而讓英格蘭與法蘭西坐收了漁翁之利。

前面我們說到義大利「果爾弗」和「吉白林」兩派之間的黨爭延續了幾百年，至於日耳曼的黨爭則在西元第十二世紀中葉腓特烈一世即位以後暫告一段落。腓特烈一世就是我們在第二章中曾經提到過的，和英王「獅心理查」、法王腓力二世一起參加第三次十字軍東征的那位神聖羅馬帝國皇帝，「紅鬍子」腓特烈一世。

再回來說洛泰爾三世。

由於洛泰爾三世是羅馬教宗和日耳曼諸侯聯合擁戴出來的，因此當他上臺以後不免就給予這些「幫手」不少方便，譬如，他對諸侯採取放任政策，並放棄過去亨利四世和亨利五世從教會那兒所爭取到的各種權利等等。以當時的時局而言，洛泰爾三世可說是一位成功的皇帝，包括在即位之初平定了霍亨斯陶芬家族所造成的內亂；而丹麥、波蘭、波西米亞等邊陲地區都先後承認了他的宗主權；征服了義大利城邦，擊敗了西西里；保護了羅馬教宗繼承的正統等等。

洛泰爾三世在位十二年，他讓日耳曼皇帝的威望達到了最高峰，在位期間最值得一提的，就是兩次遠征義大利，日耳曼的黨爭就是在這個時候傳到了義大利、並影響到了此後義大利的政局。從另外一個角度來看，日耳曼國王捲入了義大利的政爭，也不啻提高了日耳曼皇帝的聲望。

洛泰爾三世享年六十二歲。當他一過世，歷史立刻重演，他在生前所指定的來自韋爾夫家族的繼承人被否決，教宗和諸侯眼看此時韋爾夫家族過於強大，擔心日後會不好控制，便一起轉向去支持比較弱勢的霍亨斯陶芬家族，推選康拉德三世為日耳曼王（就是和法王路易七世一起參加第二次十字軍東征的那位皇帝）。

教宗和地方諸侯怕韋爾夫家族過於強大，於是推舉霍亨斯陶芬家族的康拉德三世。

康拉德三世是一位缺乏政治意識、對宗教又過分熱心的國王。他在位十四年，使日耳曼又陷入很深的政治混亂，尤其是面對韋爾夫家族與霍亨斯陶芬家族矛盾日益嚴重的局面。在束手無策之下，康拉德三世乾脆放下國家大事不管，跑去參加十字軍東征去了，而且後來還無功而返。

康拉德三世享年五十九歲。他在生前指定將由侄子施瓦本公爵腓特烈為繼承人。西元一一五二年，康拉德三世過世，這回國王生前所指定的繼承人總算能夠順利即位，因為腓特烈雖然屬於霍亨斯陶芬家族，但因他的母親出身韋爾夫家族，因此腓特烈上臺也能得到韋爾夫家族的支持，同時，教宗和日耳曼貴族有鑒於過去的混亂，這回也決定要一致支持腓特烈。

就這樣，隨著腓特烈一世的即位，困擾日耳曼近三十年的黨爭才終於暫時告一段落。

5 腓特烈一世的義大利政策

經過洛泰爾三世與康拉德三世兩朝的內亂，日耳曼的諸侯紛紛變成半獨立的統治者，而其他封土較小的貴族和地主們，也一個個各自為政，不聽君王號令。

西元一一五二年，時年三十歲的腓特烈一世雖然順利即位，但他所面對的局勢是：如果貿然收回王室在前兩朝喪失的土地、並動手削弱諸侯的權力，不難想見這些大大小小的貴族肯定不會乖乖就範，那麼所造成的後果必定就是刺激內戰再度爆發。

腓特烈一世選擇了另外一條道路，那就是以自己的封國施瓦本為基地，向南伸展，計畫要併吞勃艮第和義大利，建立一個幅員相連、組織完備的帝國，然後再用政治和經濟的壓力，來收服那些囂張的貴族。

其實早自西元第十世紀鄂圖大帝開始，很多日耳曼皇帝就都有併吞義大利半島的野心，而腓特烈一世對此更是雄心勃勃，幾乎可以說是抱持著一種必勝的決心。我們可以從兩個事例體認到他的決心：一，他自稱是「羅馬人至高無上、神聖不可侵犯的皇帝，羅馬城與全世界的皇帝和統治者」，口氣之大，令人印象深刻，因為就連當年的查理曼大帝和鄂圖大帝都沒有這麼狂；二，雖然後世都習慣把鄂圖大帝所建立的帝國稱為「神聖羅馬帝國」，但實際上「神聖」這個詞是腓特烈一世在西元一一五七年加上去的，之前官方名稱為「羅馬帝國」。

腓特烈一世享年六十八歲，半生戎馬都在執行他的「義大利政策」。什麼是「義大利政策」呢？簡單來講，就是想要恢復古羅馬帝國的輝煌，希望在基督教的原則下，由日耳曼人來領導「基督教共和國」，所以，他將鄂圖大帝所建立的羅馬帝國加上「神聖」兩個字，似乎是理所當然。

後世學者分析，腓特烈一世頗有些「生不逢時」，如果早生三十年，他這番壯志就頗有可能實現，然而由於與他同一時代的教宗都不是等閒之輩，遂使得他的野心終成泡影。不過，儘管他失敗了，後世學者卻仍然認為，他的「義大利政策」象徵著中古世紀偉大皇帝的理想，他的光輝還是足以與查理曼大帝相比擬。

腓特烈一世遠征義大利數次，從西元一一五四至一一八三年，前後二十九年，打從他即位之後不到兩年就開始進行這項「壯舉」了。

腓特烈一世第一次遠征義大利，是出於羅馬教宗哈德良四世（約西元一一○○～一一五九年）的要求。原來，在十一年前（西元一一四三年），羅馬受到北部城市的影響，發生了革命，而且在推翻了教宗的統治之後，仿照古代共和國體制，組織了獨立政府。這對羅馬教宗而言，自

十字軍戰士形象的神聖羅馬帝國皇帝腓特烈一世，他一生中多次遠征義大利。

腓特烈一世遠征——一般的說法是四次，但因認定不同，也有六次的說法。無論如何，從第一次遠征至最後一次遠征，起始的時間都是相同的。

然是屬於內亂，於是，西元一一五四年底，哈德良四世一出任教宗就立即要求腓特烈前來協助平定羅馬的內亂。腓特烈一世欣然應允，半年後就率著大軍兵臨羅馬，驅逐亂軍，推翻亂軍所建立的共和政府，隨後還在聖彼得教堂接受哈德良四世加冕為皇帝，這是一項無上的光榮。

不過，我們需要注意的是，儘管腓特烈一世這次遠征是應教宗之請，但是在他的認知裡，自己可絕不是教宗的附庸。關於政教關係，腓特烈一世深信自己的權位是來自於天主，並非教會，因此，他的地位當然絕不可能會比教宗低。這其實就是腓特烈一世強烈的「帝國」概念。這樣的概念貫穿他數次對義大利所採取的軍事行動。

有兩個事例可充分說明他在這方面的想法。

有一次，腓特烈一世在行軍途中遇到了教宗哈德良四世一行，按照傳統禮節，他必須先下馬，走向教宗，然後手持教宗坐騎的馬轡，扶教宗下馬，可是腓特烈一世覺得此舉簡直像是教宗侍童所做的事，他才不幹，而教宗則認為腓特烈一世不懂事，也不客氣的數落了他幾句，這讓腓特烈一世非常不高興，後來經過在場人士一再協調，告訴腓特烈一世這是從查理曼大帝以來就一直存在的禮節，腓特烈一世才心不甘情不願的勉強敷衍了一下。後世把此事稱之為「馬轡案」。

教宗哈德良四世和神聖羅馬帝國皇帝腓特烈一世之間有著競合關係。

還有一次，被稱為「貝桑松事件」。那是在西元一一五七年，腓特烈一世在協助教宗哈德良四世平定內亂之後北返，在貝桑松召集帝國會議，正式宣布勃艮第和日耳曼合併。教宗哈德良四世雖然沒有親自與會，但是派了兩位代表前來參加，其中一位是哈德良四世後來的接班人亞歷山大三世（西元一一〇五～一一八一年）。兩位代表帶來了一封教宗哈德良四世的信，抗議有一位主教被無故拘禁，為了敦促腓特烈一世釋放這名主教，哈德良四世提醒腓特烈一世，不要忘了教會和教廷給過他的恩惠與利益，譬如最近才剛剛為他加冕為羅馬皇帝。結果，這封信引起了軒然大波。

關鍵在於教宗使用的「恩惠」（Beneficium）這個詞同時含有「采邑」和「恩惠」的意思，而當時亞歷山大三世取用了「采邑」的意思，這令腓特烈一世極為不滿，他立即嚴肅的表示「我們的王國和帝國，是經貴族推選而來自天主」，並且強調「任何人如果認為我們從教宗手中接受皇冠就是接受采邑，這是違反了天主的旨意」。翌年二月，哈德良四世特別致書腓特烈一世，解釋之前那封信中用到「Beneficium」這個詞的時候，是指「恩惠」，而不是指「采邑」，這場「誤會」所造成的風波才算平息，不過，腓特烈一世和亞歷山大三世的「過節」就是這麼結下了。沒過幾年，西元一一五九年當哈德良四世過世，亞歷山大三世繼位為教宗時，雙方就處於緊張的關係。

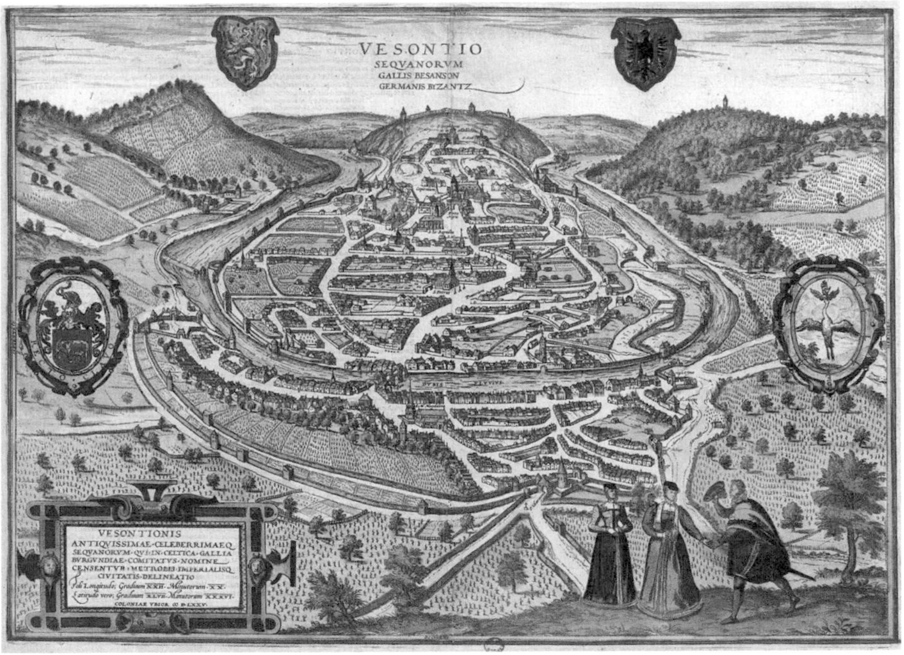

西元 1157 年腓特烈一世在貝桑松召集帝國會議，正式宣布勃艮第和日耳曼合併。圖為中世紀的貝桑松。

腓特烈一世與教宗亞歷山大三世關係惡劣，雙方對戰十七年，西元 1177 年腓特烈失敗後，不得不到威尼斯請求教宗原諒。

腓特烈一世的「義大利政策」之所以失敗，除了與羅馬教宗不合，還有其他的因素；他數次進軍義大利，幾乎每次都遇到頑強的抵抗，尤其是北部的倫巴底城邦和南部西西里王國，都著實不易對付。

從西元第十一世紀下半葉以後，倫巴底已開始一連串的政治革命，都市人民和鄉村貴族聯合起來，推翻了主教們所控制的政府，建立一個個自治獨立的「市政府」，而各個城市之間又因競爭激烈，戰事頻仍。

米蘭在各個城市中最為強大，在西元一一五五年腓特烈一世第一次進軍義大利之後，米蘭便積極聯合諸多城市，組成聯盟，希望以「團結力量大」來對抗腓特烈一世的侵略。西元一一五八年，當腓特烈一世第二次南下遠征義大利時，圍攻米蘭，不到一個月，米蘭投降。

腓特烈一世只要求米蘭放棄一切屬於皇帝的特權，以及此後米蘭的執政官也必須獲得皇帝的批准，除此之外，腓特烈一世承諾米蘭可以保有獨立以及土地的完整。

於是，腓特烈一世在戰後就召開了一項帝國會議，召集許多著名的法律學者，然後根據新興的羅馬法，發表了一項聲明，把所謂「屬於皇帝的特權」全部詳細的列舉出來，包括徵稅、開礦、製幣等等。緊接著，腓特烈一世又根據這項聲明，在每一個城邦都設置了代表來主政。腓特烈一世的用意，就是想要直接控制每一個城市，實現羅馬帝國大一統的目標。

米蘭不能接受這樣的做法，再加上腓特烈一世也沒有遵守讓米蘭保持土地完整的保證，他強行占領了屬於米蘭的部分領地，因此米蘭再度發難。這次，米蘭在苦戰三年之後終於不支投降。而這回，腓特烈一世的做法非常嚴厲，不僅下令遣散全城百姓、將一些比較有分量的人士扣為人質，還將米蘭付之一炬！

至於西西里，自立國以來就和羅馬教宗一直維持著非常友好的關係，而且在理論上，西西里是教廷的采邑，西西里國王是教宗的附庸，因此無論是羅馬教宗或是西西里國王，都不希望日耳曼皇帝的權力會擴展到義大利半島。當米蘭城起而反抗腓特烈一世時，西西里很快便加入米蘭的陣營，形成南北呼應，給腓特烈一世造成很大的壓力。稍後，腓特烈一世還為了報復教宗哈德良四世曾經聯合西西里、公開支持米蘭，竟將教宗逐出了羅馬。

哈德良四世過世後，繼位的亞歷山大三世一度逃亡至法蘭西，向法王求救，但後來又返回義大利，依附西西里國王，然後不斷聯合義大利所有反日耳曼的力量，來一起對抗腓特烈一世。

西元第十二世紀中葉，米蘭又死灰復燃，成為反抗腓特烈一世的中心。這時教宗亞歷山大三世也已回到羅馬，在教宗的領導之下，米蘭、威尼斯等城邦遂組織「倫巴底同盟」。後來這個同盟的成員不斷增加，為了表示大家在教宗領導之下的團結精神，還特地在塔那羅與多米加兩條河的匯合處建立了一座城堡，取名為「亞歷山大城」，做為倫巴底同盟的象徵。

腓特烈一世連年遠征義大利，耗費了大量的人力和物力，貴族們更是趁機自固封土，抗拒王命，拒絕給予腓特烈一世軍事支援，以至於不僅腓特烈一世遠征軍的士兵數量愈來愈少，日耳曼原本就已經四分五裂的政治局面也益發嚴重。

西元一一八三年，腓特烈一世與義大利城邦正式簽訂「康士坦斯和約」，保證各城邦的獨立，腓特烈一世的「義大利政策」至此終於宣告結束。

不過，必須強調的是，腓特烈一世軍事上的「義大利政策」雖然失敗，但是他並沒有放棄對義大利的一番雄心，仍然藉由種種外交活動來企圖控制義大利，給羅馬教宗和義大利半島帶來許多困擾，也將政教衝突延長了百年之久。

在「康士坦斯和約」簽訂七年後（西元一一九〇年），腓特烈一世死於第三次十字軍東征途中。當他過世時，日耳曼還是一個散漫混亂的地區。若問為什麼中古日耳曼沒有像英格蘭和法蘭西那樣走上統一的道路，腓特烈一世的「義大利政策」實在是難辭其咎。

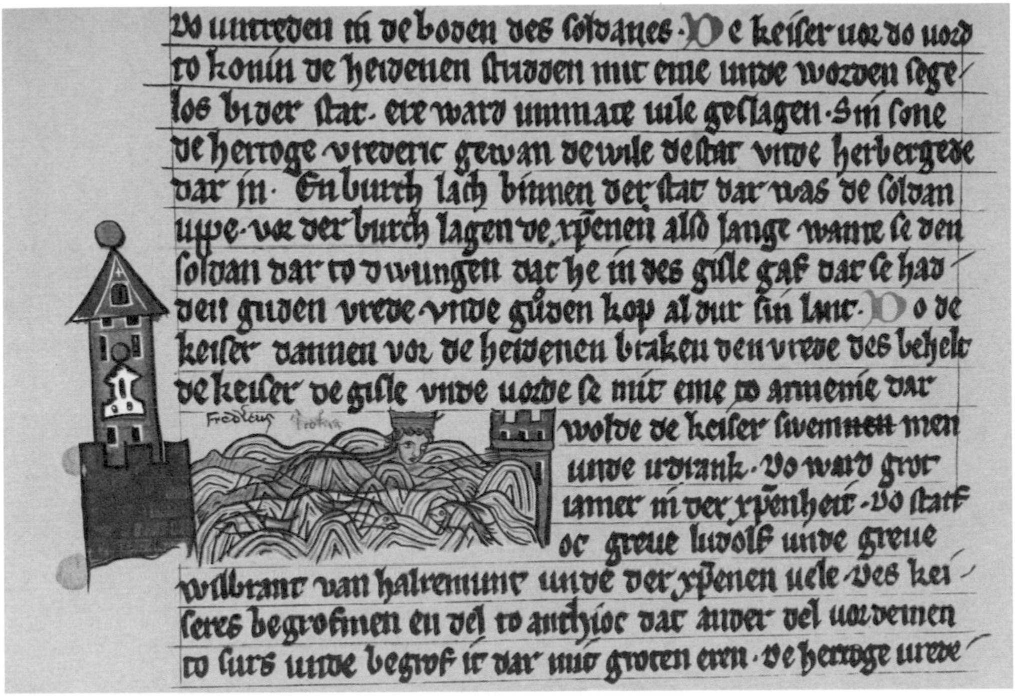

腓特烈一世在第三次十字軍東征中溺死。

6 教宗依諾增爵三世與歐洲列強

在結束這一章之前，我們要來認識一位中古世紀最偉大的教宗，他就是依諾增爵三世（約西元一一六一～一二一六年）。

他原名洛達利奧．崗底，出身羅馬貴族，從小就接受了很好的教育，在巴黎和波隆納兩所大學研究羅馬法和教會法。三十歲那年，他被封為樞機輔祭，七年後（西元一一九八年一月初）被選為羅馬教宗。

教宗伊諾增爵三世，繪於西元 1219 年左右。

依諾增爵三世的壽命不算很長，享年五十五歲左右，但在擔任羅馬教宗的十八年之內，直接左右了歐陸的政局。他是西西里和英格蘭的主君，也直接控制著亞拉崗、卡斯提亞、匈牙利、波蘭；他有效削弱了日耳曼在義大利的勢力；他冊封波西米亞公爵為國王，又擢升葡萄牙為王國；他的影響力遠達斯堪的納維亞；他還發動十字軍，既剿滅了法國南部的異端，也擴展了西方教會的勢力；他還召集大公會議，從事教會組織和教士生活的革新……不管從什麼角度來看，依諾增爵三世都是當時基督教世界的最高領袖。他在位期間，教廷的權威與影響力達到了巔峰，甚至可以說，從查理曼大帝以來，俗世君王實現不了的「基督教共和國」的理想，幾乎就要在依諾增爵三世的手上實現了。即使後來沒能真正的實現，也絲毫無損於他是一個了不起領導者的事實。

西元第十三世紀初（西元一二一六年）依諾增爵三世過世以後，由於他生前所做的諸多努力，打下了堅實的基礎，使得教廷的結構仍然非常穩固，在政治上仍然可以發揮一定的影響力，直到西元第十三世紀末才告終止。

下面我們就分別來看看，依諾增爵三世是如何影響了當時日耳曼、英格蘭和法蘭西的政局。

先說依諾增爵三世與日耳曼的關係。西元第十二世紀末（西元一一九〇年），腓特烈一世過世以後，繼位的是時年二十五歲的太子亨利六世（西元一一六五～一一九七年）。亨利六世的雄心並不亞於他的父親，即位不久後就率軍南下去爭奪西西里的王位，經過四年的戰爭，終於控制了整個西西里王國。可是，由於他對待政敵的方式太過殘暴，所以無法獲得當地諾曼貴族的支持。

占據西西里不久，亨利六世就計畫要遠征希臘和巴勒斯坦，不過，老天不幫忙，西元一一九七年八月，亨利六世死了，年僅三十二歲，在位只有七年，他留下了妻子和年僅三歲的稚子，這個男孩也叫作腓特烈，後來成為腓特烈二世（西元一一九四～一二五〇年）。

由於腓特烈二世年紀太小，亨利六世過世以後，並不是所有日耳曼貴族都支持由腓特烈二世來繼位，有些貴族是支持其他的人選。翌年一月當依諾增爵三世繼位為羅馬教宗時，日耳曼貴族仍然無法達成共識，甚至因此爆發了內戰。

腓特烈二世的母親、也就是亨利六世的妻子，本來就是西西里的女王康斯坦絲，在丈夫過世後就帶著稚兒回到西西里去避難。

依諾增爵三世繼位這一年，康斯坦絲也死了，腓特烈二世徹底成了一個孤兒。康斯坦絲為了保護自己兒子的權位，去世前特地將年

www.tanogabo.it
Nascita di Federico II - Stralcio dal codice Chigi L. VIII 296 (Biblioteca Vaticana)

康斯坦絲皇后 40 歲才生下腓特烈二世。

腓特烈二世頭像的金幣。

幼的腓特烈二世托付給依諾增爵三世，並將西西里獻給羅馬教會。依諾增爵三世就這樣成了腓特烈二世的監護人。後世學者普遍認為，日後在腓特烈二世十八歲那年（西元一二一二年），依諾增爵三世會放棄中立立場而立他為日耳曼王，應該有一部分就是出於這種特殊的父子般的情誼。

在腓特烈二世十八歲以前，依諾增爵三世就曾干預過日耳曼的內政。事情還得回到亨利六世過世之後，當時日耳曼貴族為了接下來由誰繼位的問題劍拔弩張，數十年前的黨爭又再度出現，英、法兩國對此也沒做壁上觀，分別支持不同的人選，英國支持鄂圖（就是我們在前面提到過那位在「布文戰役」中吃了大敗仗的鄂圖四世，他這時是布倫茲維克公爵），他是韋爾夫家族屬意的人選；而法國則支持腓力，他是亨利六世的幼弟，是霍亨斯陶芬家族所屬意的人選。在這場爭執中，依諾增爵三世原本是保持中立，但後來公開承認鄂圖，此舉自然引起腓力和霍亨斯陶芬家族的強烈不滿。

19 世紀畫家所繪的鄂圖四世畫像。

西元一二〇一年，腓力特別召開會議，聲明推選國王及皇帝是日耳曼貴族的特權，外人不得干涉。所謂的「外人」自然也包括了羅馬教宗。然而，依諾增爵三世的回應是，日耳曼貴族固然擁有推舉國王的特權，可因為這個特權是來自羅馬教宗，所以教宗自然有最後的決定權。

八年後（西元一二〇九年），依諾增爵三世在羅馬為鄂圖加冕為羅馬皇帝，持續了十二年的日耳曼王位之爭至此似乎告一段落，沒想到鄂圖並沒有信守之前對依諾增爵三世的承諾，不僅強占許多教會的土地，還一度侵略西西里，企圖南北夾攻教宗國。他所欲執行的「義大利政策」顯然一點也不比過去的腓特烈一世或亨利六世要收斂。依諾增爵三世在失望之餘，遂於次年就將鄂圖開除教籍，一年以後又鼓動日耳曼貴族推選年輕的西西里王腓特烈二世為日耳曼王。

接下來，就跟之前一樣，英、法兩國對此問題的立場又是截然不同，這回英國支持鄂圖，法國支持腓特烈二世，最後在經過幾番政治角力，以及鄂圖在「布文戰役」被法王腓力二世殺得落花流水，從此在日耳曼的勢力一落千丈之後，西元一二一五年，依諾增爵三世為腓特烈二世加冕，這年腓特烈二世二十一歲。

不過，鄂圖仍然不服，繼續掙扎，直到西元一二一八年過世為止。到這個時候，日耳曼才算是正式的統一。只是依諾增爵三世沒看到這一天；他已經比鄂圖還要早兩年辭世。

還記得我們在上一章講述英格蘭在西元第十二、十三世紀的變化時，曾經提到過有一位英國的約翰王，在面對法軍來勢洶洶之際，竟然趕緊將英格蘭獻給羅馬教宗，然後又收回做為采邑，以教宗的附庸自居，來讓法王腓力二世失去了攻擊英格蘭的理由嗎？此時的羅馬教宗正是依諾增爵三世。

當年西西里女王康斯坦絲獻上王國，是為了要托孤，約翰王「獻國」，則任誰一看都知道完全只是一個政治把戲，這齣戲在歐洲史上可謂絕無僅有，實際上效果也不彰，不但法王腓力二世並沒有停止攻擊，英格蘭國內的貴族們也繼續與約翰王對抗，後來甚至還以武力迫使約翰王簽訂了「大憲章」。

其實，約翰王早在「獻國」的前幾年，就曾為了坎特伯里總主教的人選問題，和依諾增爵三世發生過激烈的衝突，約翰王不僅拒絕承認教宗所認可的新主教，還悍然沒收坎特伯里教堂的財產。在接下去的一兩年之內，依諾增爵三世展開反制，包括下令英國全國停止一切宗教活動、將約翰王開除教籍、授權法王腓力二世以十字軍精神討伐約翰王……雙方鬧得水火不容，沒想到後來約翰王竟然會甘願成為教宗的附庸。因此，在這場紛爭中，依諾增爵三世可說獲得了完全的勝利。

到了西元一二一六年，隨著依諾增爵三世和約翰王的相繼過世，羅馬教宗與英王之間「領主與附庸」的關係亦正式結束。

當英、法兩國為了封土的問題而關係緊繃的時候，羅馬教廷非常的擔心。依諾增爵三世曾經一再規勸約翰王與腓力二世應該捐棄成見，放下矛盾，不應該讓戰爭增加彼此的仇恨，而應該用基督的愛來處理雙方的糾紛，可惜各種苦口婆心的規勸都沒有什麼效果。

在這場英王與法王的封土之爭中，依諾增爵三世最初也是想要保持中立，可是由於約翰王一連串嚴重損及教會權益的行為，譬如在沒收了坎特伯里教堂的財產之後，又宣布凡是支持羅馬教宗的教士將不能受到法律的保護，同時財產也將被沒收等等，都令依諾增爵三世極為不滿，再加上依諾增爵三世希望法王腓力二世不要干預日耳曼的王位之爭，否則教宗在日耳曼的處境會更加困難，同時還希望腓力二世能支持教會的號召，對付異端的十字軍……在諸多考慮之下，依諾增爵三世慢慢改變了態度，選擇趨向了法王腓力二世。

縱觀依諾增爵三世的一生，之所以能夠對歐陸政局涉入的程度這麼深、有這麼大的影響力，除了他過人的才能與魄力之外，當時政治局勢的混亂（包括日耳曼王位的爭奪持續了十餘年、英王約翰和法王腓力二世連年戰爭、西西里國王腓特烈二世還太年幼等等），俗世沒有什麼強有力的對手來與他抗衡、挑戰他的權威，自然也很有關係。

之前教宗格列哥里七世與日耳曼王亨利四世、教宗亞歷山大三世與腓特烈一世，以及日後教宗鮑尼法斯八世與法王腓力四世，那樣勢均力敵的交手，依諾增爵三世都沒有遇到過。在他的時代，他真可說是一人獨霸，沒人可以和他對抗。

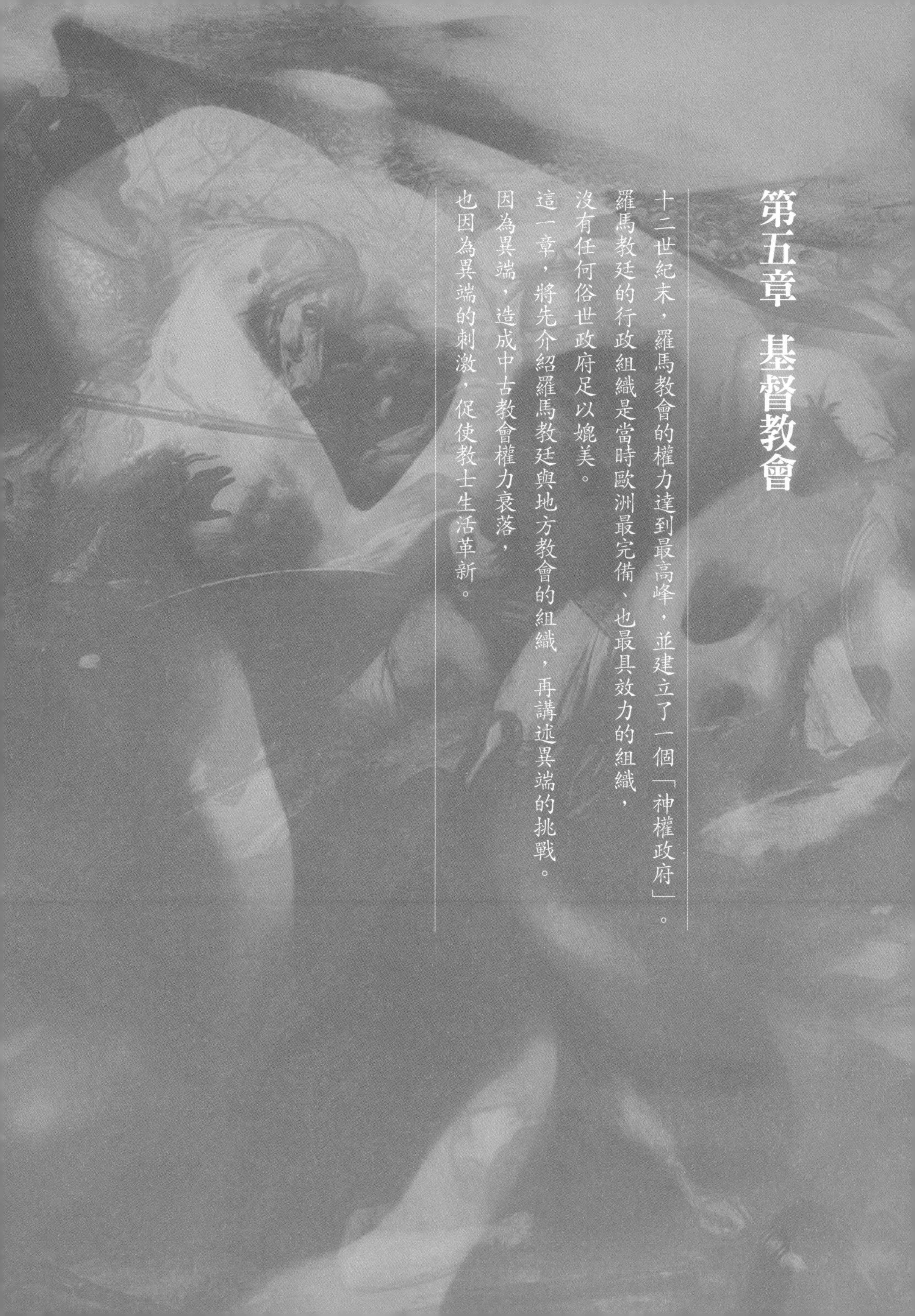

第五章　基督教會

十二世紀末，羅馬教會的權力達到最高峰，並建立了一個「神權政府」。
羅馬教廷的行政組織是當時歐洲最完備、也最具效力的組織，
沒有任何俗世政府足以媲美。

這一章，將先介紹羅馬教廷與地方教會的組織，再講述異端的挑戰。
因為異端，造成中古教會權力衰落，
也因為異端的刺激，促使教士生活革新。

從西元第十一世紀中葉（西元一〇四九年）以後，羅馬教會和日耳曼皇帝就不斷周旋，長達一個多世紀，周旋的底氣來自於教會本身的實力，才能在政教不分的中古世紀，與日耳曼皇帝進行如此長時間的對抗。逐漸的，羅馬教會擺脫了皇帝的控制，到了教宗依諾增爵三世的時候，教會的權力終於達到了最高峰。

依諾增爵三世實際上是建立了一個「神權政府」。羅馬教廷的行政組織是當時歐洲最完備、也最具效力的組織，任何一個俗世政府都無法與之媲美。在依諾增爵三世過世以後，這個「神權政府」仍然繼續發展，舉凡行政、財政、法律等組織都有極大的進步，很多做法甚至都被俗世政府所效法。無論如何，我們接觸中古歷史，不能不對教會的發展有所認識，如此我們才能比較鮮活生動的來了解中古世紀人們的生活。

這一章，我們將先介紹羅馬教廷與地方教會的組織，再講述異端的挑戰。正因為異端（這來自教會內部的刺激），才造成中古教會權力的日益衰落，以至於漸漸無法抵擋俗世政權的壓力。同時，也正是這些異端的刺激，才促使教士生活有了革新運動。

1 羅馬教廷與地方教會

我們先來了解一下關於羅馬教廷的組織。

教廷是教宗藉以統治教會的最高機構，無論是組織或行政效力，都遠勝於同時代各王國的「王廷」。教廷有四個重要的部門，分別是：

● **祕書處**。負責經管教廷各種文件，事務非常繁雜，光是依諾增爵三世在位的十八年期間，所保存下來的信件就有六千多封，其他文件還沒有計算在內。為了防止偽造文書，教廷祕書處還做了不少預防措施，後來都被很多俗世政府所效法，包括在文件的體裁、格式和繕寫方式上製定一些特徵，使別人不容易偽造；所有發出去的文件都會做登記，以備日後查證等等。

● **大赦部**。這個部門的職權大致是處理有關教會法規事務，譬如教會規定天主教徒不可以和非教徒結婚，一旦違反，若想要得到赦免，就必須向教廷大赦部提出申請。

● **司法部**。負責處理一切有關法律的問題，以及接受來自各地的上訴。後來隨著人們上訴羅馬教廷的案件愈來愈多，教會法的運用愈來愈廣，教宗的權力自然也就愈加擴大。這當然引起不少俗世政府的不悅，於是西元第十三世紀時，英格蘭等國還特別下令，除非先獲得國王的許可，否則不可以隨便上訴羅馬教廷。

財政部。

這是教廷四個重要部門中事務最繁雜的一個，它負責經管教廷的財產，稽核各地交納的錢糧和捐獻。

由於教廷組織的日益龐大，羅馬教宗就像一般俗世政府的君王一樣，所要面對的最大困難就是經濟問題，包括教會的各項事業、傳教活動以及教宗國的開銷等等，這一切都需要穩定且充裕的經濟來源。

在中古世紀，既然教宗也是一位領主，他的收入就和其他封建領主一樣，主要是來自土地。除此之外，也有來自國王、諸侯、各地主教、教士等地捐獻，其他包括人們上訴羅馬法庭所付的獻金、教廷有急需時（譬如為了支援十字軍）所徵收的教士所得稅等等，這些都是教廷的經濟來源。

教廷還有一項重要的權責，那就是關於制裁。

違反教會法律是一種犯罪行為，在良心上會受到譴責，一般解除負疚的辦法是「懺悔」。

如果是面對一些特別頑劣的人，教會就會採取以下三種辦法：

開除教籍。一個人若被開除教籍，不僅不能參與教會的活動，甚至無法與親友來往，形同被社會遺棄。在中古世紀，很多俗世政府對於被開除教籍者，還都會跟進做一些法律制裁。比方說，在法國，被開除教籍達一年零一天者，財產將被政府沒收，而在英國只要達四十天，財產就會被沒收。

如果被開除教籍的是一位領主，附庸對他的各種義務將全部解除。如果被開除教籍的是一位國王，所有臣民都不必對他效忠和服從，譬如我們前面提到過日耳曼皇帝腓特烈一世和英王約翰一世，都曾先後被開除過教籍，這在當時都是非常嚴重的事，直接造成了貴族的反叛，以及人民的離心。

停止宗教活動。這可以說是一種「集體開除教籍」的制裁，這項禁令雖起源於西元第四世紀，但直到依諾增

一位懺悔的騎士自願成為水泥匠，協助建造教會。

公爵夫人的懺悔。

爵三世的時代才被普遍施用。

宗教裁判

宗教裁判。宗教裁判的目的之一，是為了防範邪說的蔓延。如果有一個人被指控是異端，裁判所會立刻將其逮捕，進行審問，如果審問屬實，異端者必須懺悔並履行某些刑罰，包括喪失財產權，而其財產一般都是由俗世政府和教會均分，在法國則是全部歸諸法王，所以法王一直非常支持宗教裁判。如果被告拒絕承認自己是異端，又不能證明自己不是，裁判所就會刑求。對於那些已經悔改、但之後再犯的異端者，教會就會將他們交給俗世政府，由俗世政府處以死刑，幾乎都是火刑。

以現代人的觀點來看，宗教裁判

因「地動說」而面對羅馬宗教裁判所審判的伽利略。

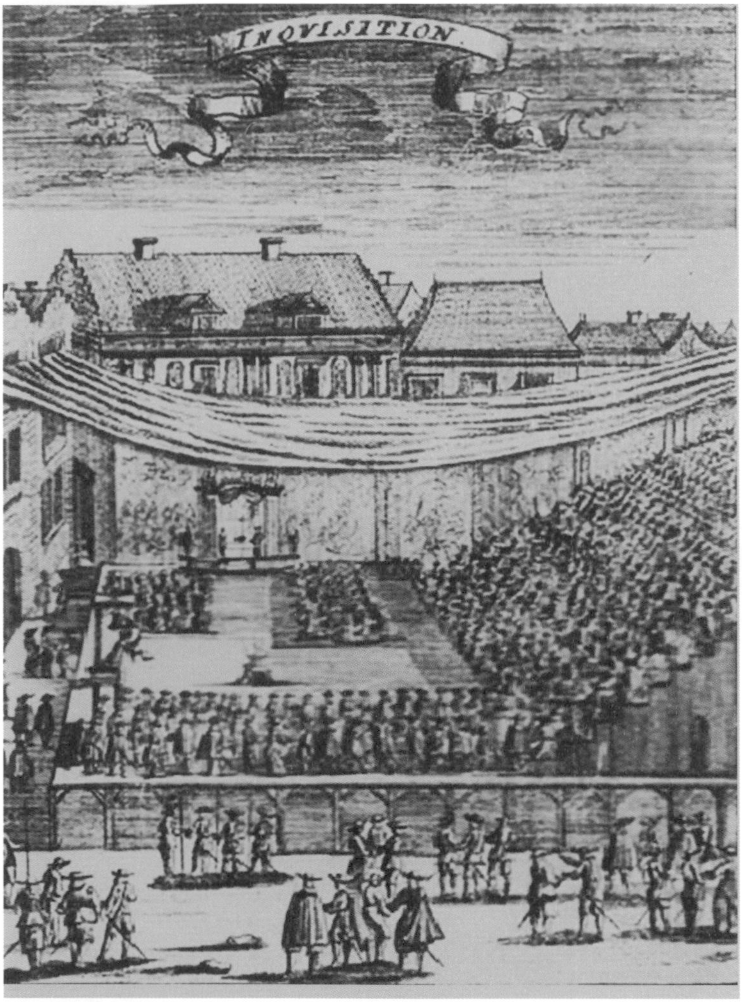

葡萄牙的宗教裁判所，出自 1685 年製金屬版畫。

可說是最不人道的做法。

◆—地方教會

現在我們來稍微了解一下地方教會。

在整體的架構上，羅馬教廷統治整個基督教會，地方教會則是由主教來負責。西元第十三世紀以前，教區主教可以說是完全獨立的，在這以後由於羅馬教宗的權力日益擴展，無形之中自然就削弱了教區的權力。

在中古世紀，有不少主教除了擔任神職之外，同時也是封建領主或是政府官員。他們不僅出入王廷，經常與貴族為伍，有時還追隨國王參與戰爭。主教大多都是出身貴族，因為這個職位擁有財富與權力，因此常常引起野心家的覬覦。

主教座堂的教士稱為「伽儂」，他們組成議會來協助主教治理教區，就像樞機協助教宗一樣。每一個伽儂議會都有一個議長，由全體伽儂選出。在西元第十三世紀時，各個教區的伽儂議會大多擁有地產，每一位伽儂也都領有采邑，實際上伽儂就是教會封建制度裡最低的一層，相當於俗世封建制度裡的騎士。

教會行政的最低階層，則是「堂區」，與人民有直接關係的是「堂區神父」。

堂區有土地，供應服務該堂區的神父的日常生活，此外還有由教徒捐獻的什一稅。

至於堂區的設立，通常都是由俗人領主捐獻土地，然後建造教堂，委任神父，提供莊園居民精神生活的需要。不過，也有一些俗人領主之所以捐獻土地、建造教堂，是將此視為一種「投資」，譬如之後便拍賣堂區神父的職位、保留教堂所得的什一稅，或者將什一稅的徵收轉讓給別人，來交換一些條件等等，這麼一來自然就造成了不少弊端。

2 異端的挑戰

在西元第十二、十三世紀，羅馬教會要面對內外兩種不同的挑戰，一個是來自俗世政府，另一個則是來自內部的異端邪說。歷史證明，後者的破壞力遠較前者要嚴重得多，因為來自俗世政府的挑戰，只是讓教會喪失了政治權力，而對教會來說，「政治權力」本來就是一種外來的東西，和教會自身的任務與存在，並沒有什麼直接的關係，可異端所挑戰和影響的，是教會的信仰和制度，這就會動搖教會的根本。發生在西元第十六世紀的宗教革命，最後推翻了基督教的大一統，它的淵源其實可以追溯到三、四百年前中古世紀的各派異端。

自基督教興起以來，教會內部就一直有異端的存在，只是早期的異端幾乎都只是關於教義的爭執，譬如我們在卷三曾經講述過的關於「三位一體」、「耶穌的本性」等爭執。這些爭執只存在於神學家和知識分子之間，對一般老百姓並沒有什麼直接的影響，而且那些異端者往往只是對教會的某一個信仰產生了疑問，並沒有攻擊教會，更沒有否定教會，他們還是承認教會的存在，就性質來說，和西元第十二、十三世紀的異端是很不一樣的。

西元第十二、十三世紀的異端，無論從哪一個方面來看（起源、攻擊對象，或是發展方向），都跟過去的異端大不相同。簡單來說，一開始這些異端者所批評的是當時教士生活的腐敗，然後從「反教士」進而否認教士的職權。這些異端者認為，過去耶穌和使徒都是過著清貧的生活，而時下這些教士既然聲稱是繼承耶穌及其使徒的職權，那麼自然也應該同時繼承他們的生活方式。反過來說，如果今日這些教士沒有繼承耶穌及其使徒的生活方式，他們當然也就不能繼承耶穌及其使徒的職權。總之，異端者就是將「使徒生活」和「使徒職權」或「神權」合為一體來討論。

另外，異端者從否認教士的神權，又進一步否認教會存在的必要性。他們強調，人與天主之間是可以直接交流的，教徒也可以自己從聖經領悟到救贖的道理，不需要靠著教會做媒介。這麼一來，傳統教會存在的意義和價值就被推翻了。

話說回來，這些異端者到底是怎麼興起的呢？

說起來，這和西元第十二、十三世紀的商業復興、資本主義萌芽有著密切的關係，僅僅從這時期的異端邪說都是起源於都市，就可充分說明這一點。

在貨幣經濟的衝擊之下，貧富差距明顯拉大，因此在很多人民的感受裡，社會的不公也顯著提高，而當都市的中下階級都被經濟問題壓得喘不不過氣來的時候，任何一種反抗現狀的思想都很容易受到歡迎，以便人民能夠寄託和發洩他們的不滿。

於是乎，在市場、在教堂前的廣場，會不時看到一些流浪的演說家，以激烈的言辭，一方面抨擊統治階級的貴族和教士，一方面又稱讚早期教徒所過的清貧生活，讓大家從鮮明的對比中，自然而然對當時教會財產眾多、教士生活腐敗等現狀感到非常的不滿。甚至有很多人相信，正是因為教會的財富才造成了社會的不公。

一些有識之士也開始呼籲教會應該放棄不必要的財產。到了西元第十二世紀後半葉，法蘭西地區出現了一股更加強大的反對力量，也就是西元第十二、十三世紀第一個重要的異端——華爾陀派。

華爾陀派的創始人是彼得・華爾陀（西元一一四〇～一二一七年）。他本來是法蘭西王國里昂地區的一個富商，三十三歲那年忽然變賣了所有的財產，分施窮人，自己開始過著乞食的生活，還到處宣講耶穌當年是如何的安貧樂道。漸漸的，華爾陀的身邊聚集了一群認同他理念的人。

最初，華爾陀派並不是異端，而是因為教會不斷施壓，導致他們漸漸脫離了教會，走向異端。在信仰上，雖然各地華爾陀派的理念不免有些出入，不過都認同「聖經是信仰的唯一根據」、「教士應該過著絕對貧窮的生活」等幾個基本原則。

後世學者普遍認為華爾陀派可謂是日後西元第十六世紀宗教改革派的先聲，因為他們所講的道理幾乎完全一樣。

還有一個重要的異端，叫做「清教派」。其實把「清教派」稱之為「異端」

華爾陀派的徽章，寓意是在黑暗中閃耀的亮光，此教派是西元第 12、13 世紀基督教的第一個重要異端。

是很有爭議的，因為他們根本不屬於基督教派，只不過是在許多方面都很類似而已。

清教派的主要信仰是來自東方的摩尼教，在西元第四、第五世紀時曾經盛行於羅馬帝國的東方和北非，西元六世紀以後忽然沉寂下來，史書上對他們沒有任何記載。直到西元第十一世紀，一批應該是來自巴爾幹半島的清教派傳教士，開始在倫巴底、法國南部等地活躍，積極傳教。

清教派相信「善神」和「惡神」二元論，前者創造並統治精神界，後者創造並統治物質界。清教派之所以能夠獲得中下階層的支持，主要原因之一正是因為他們所崇尚的苦行生活，剛好和當時貴族、教士奢侈糜爛的生活形成了強烈的對比。

在教宗依諾增爵三世即位之前，羅馬教廷和各地主教為了對付法國南部這些清教派，真是傷透了腦筋，試過了很多辦法都成效不彰，直至西元第十二世紀末依諾增爵三世即位（西元一一九八年）以後，決定要集中全部的精力來處理這個日益棘手的問題。一開始，他採取勸導的方式，派遣大批傳教士進入法國南部各區，企圖說服、歸化這些異端派，但毫無效果。這樣過了幾年，西元一二〇四年，依諾增爵三世決定要訴諸武力，而且還為此組織了十字軍。

西元一二〇九年初夏，十字軍開往法國南部，經過二十年的征戰，保護異端派的力量最終被擊潰，法國王權終於控制了整個南部。戰後，西班牙在法國南部的政治力量被中斷，庇里牛斯山山脈也真正成為法國和西班牙的自然邊界。

但這件事帶來一個不良效應。過去的十字軍都是為了要對付回教徒，以收復聖地為目的，這次卻開了一個很不好的先例。從這次以後，在西元第十二、十三世紀羅馬教宗所號召的十字軍，大多都是為了要對付歐洲教會內部的糾紛，十字軍最初的意義已經徹底消失。想想看，教廷如此，也難怪一般教徒會對十字軍完全喪失最初的熱忱了。

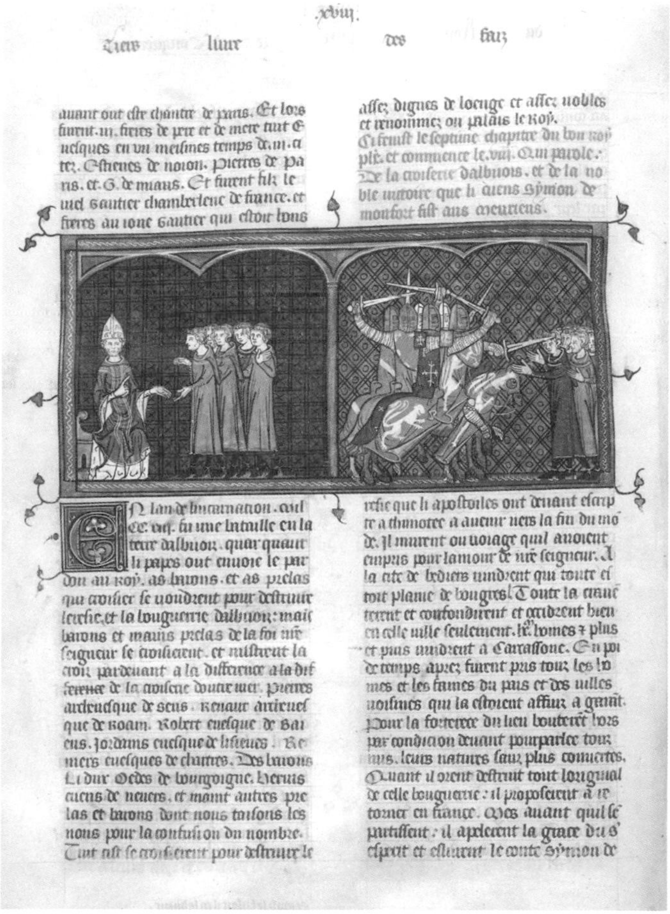
auant out este chantee de paris. Et lors furent .iii. freres de pere et de mere tuit Euesques en un mesmes temps de .iii. citez. Estienes de noion. Pierres de paris. et G. de miaus. Et furent filz le uiel Gautier chamberlenc de france. et freres au ione Gautier qui estoit bons asse; dignes de loenge et asse; nobles et renommez ou palais le Roy.

Ci fenist le septime chapitre du bon roy phe. et commence le .viii. qui parole. De la croiserie dalbijois. et de la noble uictoire que li cuens Symon de montfort fist aus creetiens.

En lan de lincarnation .mil. cc. viii. fu une bataille en la terre dalbiion. quar quant li papes out enuoie le pardon au Roy. as barons. et as prelas qui croisier se uoudrent pour destruire lerisie. et la bougrerie dalbiion: mai barons et mains prelas de la foi nre seigneur se croisierent. et misdrent la croiz pardeuant a la difference a la difference de la croisere doutre mer. Pierres arceuesque de sens. Renaut arceuesque de roam. Robert euesque de baieus. Jordains euesque de lisieues. Remers euesques de chartres. Des barons Li duc Oedes de bourgoigne. Heruis cuens de neuers. et maint autres prelas et barons dont nous taisons les nons pour la confusion du nombre. Tant ost se croisierent pour destruire le rctie que li apostoiles out deuant escripte a chmotee a aucun ners la fin du monde. Il murent ou uoiage quil auoient empris pour lamour de nre seigneur. A la cite de bediers uindrent qui toute estoit plaine de bougres. Toute la cite terent et confondirent et ocidrent bien en celle uille seulement .lx. homes et plus et puis uindrent a Carcassone. En pou de temps apres furent pris tous les homes et les fames du pais et des uilles uoisines qui la estoient affuiz a garant. Pour la forterece du lieu bouteret hors par condicion deuant pourparlee tous nuz. leurs natures sau plus couuertes. Quant il orent destruit tout longual de celle bougrerie: il proposerent a retorner en france. Mes auant quil se partissent: il apleerent la grace du s' espirit et esliurent le conte symon de

教宗依諾增爵三世驅逐阿爾比人（右）並發動十字軍（左）。

3 修道院生活的革新

不可諱言，生活在中古封建制度之下的修士和修女，確實有不少人受到了時代的影響，而失去原來進修道院的初衷。比方說，投身修道院並不一定是出於宗教目的，而是將修道院視為追求名利的踏階，因為修道院擁有廣大的財產，修道院院長可躋身封建領主，甚至還可能成為帝王的謀臣。

在西元第十一世紀的最後二十五年中，興起了很多修道院改革運動，主旨都在強調教會應該恢復簡單樸實的作風。這些修道院的革新固然提高了修士的道德生活，但是對於修道院以外的普通老百姓則無直接的影響，再加上修道院往往位在窮鄉僻壤，罕有機會和都市中下階層的人民互動。在這種情況之下，為了歸化異端派，以及鼓勵都市裡的無產階級，一種新的修道院制度遂慢慢成立。

這些修道院與舊有的修道院相比，有兩個最大的差異，第一，他們都是生活在都市裡，而非離群索居；第二，有鑒於舊式修道院因擁有龐大財產而導致修士生活腐化，這些新的修道院都強調清貧自持，主張不僅修士個人不能擁有財產、而且修士應該以乞食來維持基本生命所需（所以又有「托缽修士」之稱），與此同時，修會當然也不能夠有任何財產。

也就是說，他們將傳教與清貧合而為一。在他們的心目中，這才是理想的、應該有的「使徒生活」。

西元第十三世紀的「方濟會」和「道明會」，就是這種使徒生活的兩個最佳代表。

方濟會

「方濟會」的創立者是聖方濟（西元一一八二～一二二六年）。方濟是義大利人，他父親是一位富商，在地方上頗有地位。方濟在年少時無所事事，有一天，因為與其他少年發生糾紛，被捕入獄。這一次的事件對他內心產生了很大的衝擊，讓他幡然悔悟，不久就經常義務性的去修理城中那些塌毀的教堂。

方濟二十六歲那年，有一天當他在教堂祈禱時，決定要獻身天主。他開始過著貧窮的

出生富有家庭卻實踐清貧生活的聖方濟，開創了新型態的修道院生活。

方濟會的教規獲得教宗和教廷的認可。

生活，並到處講道，勸人為善。

方濟信仰堅定，再加上善良、純潔、謙虛、愛好自然、極富同情心等人格特質，使他備受眾人的敬愛，身邊很快就聚集了一群追隨者。方濟寫了幾則簡單的會規以後，從此就開創了一種新形態的修道院生活。

兩年後（西元一二一〇年），方濟前往羅馬，請求教宗依諾增爵三世批准他的會規。值得注意的是，其實從各方面來看，方濟和他門徒的表現，與同一時期的華爾陀派似乎並沒有什麼不同，都是在宣揚使徒的貧窮生活，也都在未經地方主教許可的情況之下到處講道，可是依諾增爵三世卻斥責華爾陀派為異端，而稱讚方濟和其門徒為「天主忠僕」。

後世學者認為，這足可證明依諾增爵三世非常英明、判斷正確。雖然依諾增爵三世此時只是口頭批准方濟會規，准許他們公開講道，但已經讓教會從此多了一批得力的助手。

接下去，方濟會的發展出乎意料的迅速。方濟會的會士們到處講道，義大利的大小城市都可以看見他們的足跡。在依諾增爵三世口頭批准方濟會規的七年之後，方濟會的會士們甚至開始到義大利以外的地區去傳教，包括法蘭西、日耳曼、匈牙利和西班牙，有的還遠赴北非、敘利亞、巴勒斯坦等地。後來，方濟本人還曾參加過第五次的十字軍東征，然後跑到埃及蘇丹的宮廷講道，希望以這樣的方式來歸化回教徒。

為什麼依諾增爵三世沒有正式批准方濟會規呢？後世學者分析，這應該是依諾增爵三世預見到，如此嚴苛的會規（包括主張絕對清貧、會士必須以乞食為生、不能擁有任何俗世財物，以及不能有任何組織，因為有了組織就會限制心靈的自由等等），早期當然有其存在的價值，可是當會士人數增加以後就一定行不通，畢竟很多時候團體的組織化是一種自然而然的演變。

果然，方濟會很快就出現了新舊兩派。過去方濟會士總是比城市裡最窮的人還要窮，現在新派則主張「有限度的貧窮」，准許修士擁有家具、書籍以及一些最基本的生活用品。西元一二二四年，聖方濟辭去了方濟會會長的職務，兩年後過世，享年四十四歲。

聖方濟去世時，方濟會中新舊兩派的衝突，已經尖銳到難以協調的地步。後來，主張絕對貧窮且始終反對任何改革的這一派，自稱「方濟會精神派」，竟然被教會聲明為異端，因為他們雖然標榜要堅持聖方濟的原始精神，卻拒絕接受教會的命令，然而「服從教會」原本也是聖方濟的重要精神之一。

道明會

「道明會」的創立者是聖道明（西元一一七〇～一二二一年）。他是西班牙人，是一位神父，也是一位學者，他的理想是培訓出一些優秀的神學家，不僅希望能夠將教會帶到一般老百姓的生活當中，更希望能夠用真理來說服異端派。由於聖道明所創立的修會是以宣道為首要任務，所以又被稱為「宣道會」。

儘管聖道明也和聖方濟一樣，強調身教的重要，修士也過著清貧的生活，也是屬於「**托缽修會**」，但聖道明對於清貧生活的定義不像聖方濟那麼極端，因此後來道明會也沒有發生像方濟會那樣的分裂。

在道明會教理書籍封面上的聖道明畫像。

加爾默爾修士及該會標幟（圖中間下方松葉上）。

托缽修會——中古世紀有三個最重要的托缽修會，方濟會士被稱「灰衣修士」，道明會士是「黑衣修士」，還有一個加爾默爾會士被稱為「白衣修士」。

西元一二一五年（在方濟前往羅馬之後的第五年），聖道明在赴羅馬參加一項會議時，要求教宗許可他創立一個新的修會。他主張，因為道明會士的主要任務是宣道，所以教育很重要，每一個會士都必須先經過兩年文科、三年自然科的訓練，最後再學習神學，總之，和同一時期專重勞作的方濟會士相比，有極大的不同。不過，後來新派的方濟會也開始注重教育和學術，正如他們調整了對清貧生活的觀念一樣。

由於方濟會和道明會兩會神學家，在許多重要的神學問題上存在著很多歧見，日後遂有所謂「方濟派」和「道明派」之別。

對基督教會來說，這些新興修會，尤其是方濟會與道明會，有著非常重要的意義與貢獻。首先，他們把教會帶到一般老百姓之中；其次，安貧樂道的修士們與民眾一起生活、一起勞動，他們除了到處講道，也積極服務醫院、監獄等等，充分表現出教會的博愛精神，大大緩和了社會上因為貧富差距而差生的反教士情緒；同時，他們重視教育，出了不少著名的哲學家；此外，托缽會士還到**歐洲以外的地區傳**

歐洲以外的地區傳教——根據史料記載，在西元第十三世紀末至十四世紀上半葉（西元一二九八～一三二八年，是中國的元朝），有一位托缽會士約翰·蒙高未諾（西元一二四七～一三二八年）來中國大都（元朝的首都，今天的北京）傳教，受到元成宗（西元一二六五～一三〇七年）的歡迎，還在大都建造了三座教堂，西元一三〇五年曾為六千人施洗。

教，隨著他們的足跡愈來愈遠，羅馬教宗後來還得特別劃分傳教區域，譬如在西元第十四世紀初（西元一三一八年），羅馬教宗就劃定亞美尼亞、波斯、中亞細亞直到中國，是歸由方濟會會士負責，印度則歸道明會會士。

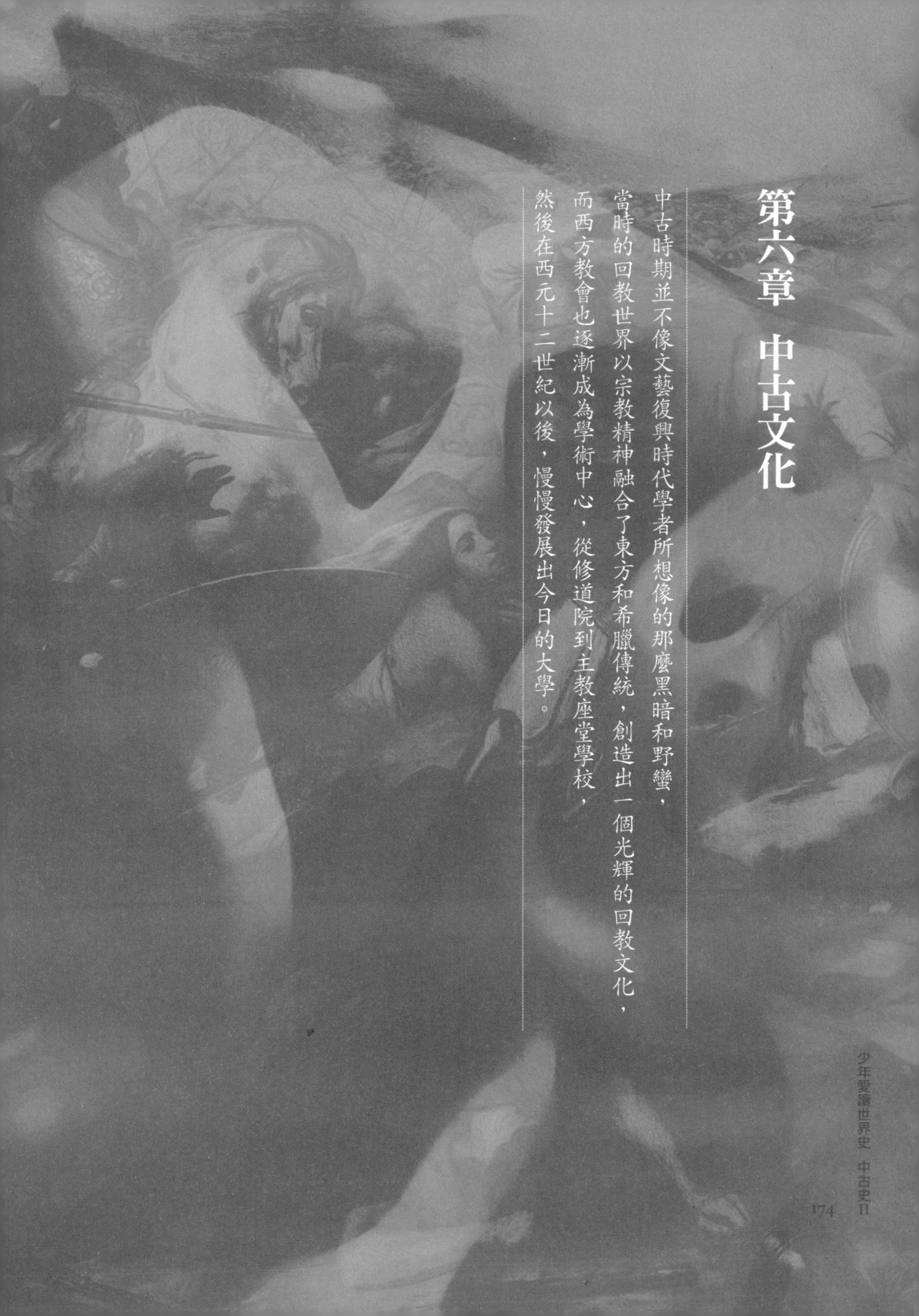

第六章　中古文化

中古時期並不像文藝復興時代學者所想像的那麼黑暗和野蠻，當時的回教世界以宗教精神融合了東方和希臘傳統，創造出一個光輝的回教文化，而西方教會也逐漸成為學術中心，從修道院到主教座堂學校，然後在西元十二世紀以後，慢慢發展出今日的大學。

我們在卷四一開始進入中古史的時候就曾提到，回顧西方歷史雖然曾經有過「黑暗中古」這樣的說法，但到了西元第十八世紀末和第十九世紀初，就已經有愈來愈多的學者指出，凡是歷史都有其延續性，都是在前人的基礎之上不斷發展，不可能有哪一個階段的文化會是完全「黑暗」、完全真空的。因此，這一章就讓我們來了解一下關於中古早期以及中古盛期的文化。

1 中古初期的文化

就文化而言，從西元第八世紀到第十一世紀中葉，西方歐洲確實是一個低潮。畢竟，經過數百年來蠻族的戰亂，舊有的很多文物制度幾乎都已蕩然無存，這時候的文化工作大多都是以保存古典文物為主，沒有什麼創新可言。

相較之下，這一時期在文化上的表現最為突出的，反倒是回教國家。他們以自己的宗教精神融合了東方和希臘傳統，創造出一個光輝的回教文化，無論是在文學、哲學、科學和醫學上，都有驚人的成就，後來經由西班牙和西西里傳入西歐，激發了西元第十二世紀以後歐洲的文藝復興。

下面我們不妨就先來了解一下中古初期的回教文化。

● **文學**。大眾所熟悉的《一千零一夜》，是阿拉伯世界遺留下來的少數文學作品之一。阿拉伯人豐富的想像力以及極為奔放的熱情，對西方文學到底有多少影響固然無從稽考，不過一般認為封建文學的主流，確實是受到西班牙回教文學明顯的影響。

● **歷史**。中古初期的歷史學家大多是波斯人，寫作主題也往往是關於回教的擴展，以及回教列國的建立。之後作家所寫的則是以世界史、地方史、年鑑等等為主。

● **哲學**。回教學術對西方影響最大的是哲學，回教學者不僅辛勤翻譯希臘哲學作品，而且還做了很多精采的注釋。

● **數學**。回教學者接受了希臘人的幾何，又增添了代數，同時還從印度學習使用了「印度數字」（甚至後來就被西方人稱為「阿拉伯數字」）。

● **天文**。回教學者用實驗來測量和證明希臘學者在天文學上的種種理論。為了觀測星象，中古早期在大馬士革、巴格達等重要城市都建造了天文臺。此外，把天文學應用到個人命運，則又發展出星象學。

19世紀畫家描繪《一千零一夜》中，謝赫拉札德王妃對蘇丹國王說故事的情景。

化學。回教學者所研究的化學，大多是我們今天所通稱的「煉金術」或「煉丹術」，是以古埃及煉金術以及亞里斯多德所說的「四行」（土、氣、水、火）做為研究的基礎，目標是要把一些低級金屬體變成黃金，而且他們普遍相信黃金的本質可以使人長生不老；之所以說是「普遍相信」，是因為從事這些實驗的學者們所持的意見並不一致。無論如何，他們的種種實驗無形之中為日後的化學打下了可貴的根基。

醫學。後世學者認為，阿拉伯人的最大成就應該是在醫學領域。有一個非常鮮明的對比是，當同一時代的西方人還在用念經、撒聖水或「驅魔」等方式來治病的時候，回教的醫生已經在醫院裡進行臨床治療，並且在實驗室裡從事研究了。

中古初期，巴格達有一家醫院的院長阿爾拉齊

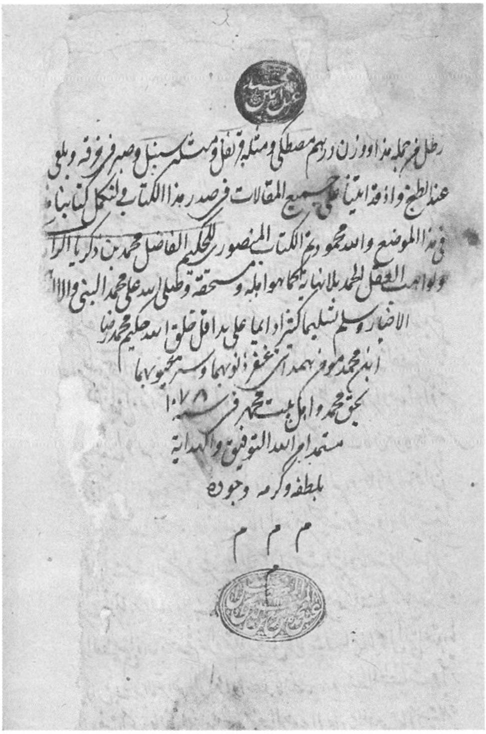

阿爾拉齊的醫學書，在書的末頁紀錄有作者資料。

12 世紀中葉一本西方書籍中所描繪的波斯醫師阿爾拉齊。圖左方醫師手中拿著裝有病患尿液的容器，正在檢視。

就寫了一百四十多種醫學書籍，其中有一本是關於天花的書。他在書中詳細說明關於天花的病症、發展、應如何治療等等。還有一位著名醫生亞未塞納，也寫了九十九種書籍，涵蓋了醫學、數學和哲學等諸多領域，是當時少有的天才。

● **地理**。由於海外經商，阿拉伯人在地理方面的知識亦相當可觀。他們擁有關於地中海世界和小亞細亞地理、物產等方面豐富的知識，因此，《一千零一夜》中出現〈航海家辛巴德〉這樣的故事也就不奇怪了。

● **藝術與建築**。色彩鮮艷、圖案別緻的厚毯是阿拉伯人的特產，可以鋪在地上，也可以掛在牆上做裝飾，在《一千零一夜》的故事中，人們還可以坐在上面飛行。阿拉伯的珠寶、陶瓷、象牙雕刻、皮件等等也都非常出色。而在建築方面，更是將希臘、敘利亞、亞美尼亞、伊朗和印度等藝術融為一體，以清真寺為代表。

當然，我們不可能忽略回教世界對於教育的重視。當同一時代的歐洲，教育成為教士們的專利時，教育在回教世界是相當普及的。教育的基礎自然是宗教，以研究《古蘭經》為核心，但是除了《古蘭經》之外，孩子們也必須學習其他學科。在清真寺中，大多附設有學校，較大的城市中更設有高等學校，來教授文學、哲學、邏輯、代數、天文、醫學等等。

由於教育的普及，回教社會的閱讀風氣自然就比較濃厚，各大城市都有圖書館，很多富人也都有藏書的嗜好，這一現象在同一時代的西方世界是還看不到的。

2 中古世紀的學術成就

這一節我們要介紹的，是有關中古盛期的學術和文化。首先最應該要了解的就是大學的興起。

◆大學的興起

在西元第十二世紀以前，西方學術的中心，最初是在修道院的學校中，後來是主教座堂學校，到了西元第十二世紀以後，在一些著名學者的領導之下，慢慢轉移到大學。也就是說，大學是從主教堂座學校自然而然蛻變而來的。無怪乎很多人會說，教會學校是中古文化的搖籃，而且有些中古盛期的大學，至今仍然存在。

「大學」這一詞，在今天是指「綜合性大學」、「高等學府」，它的拉丁文是「Universitas」，原來的意思很廣，有「大家」或「社團」的意思。在中古世紀時，它並不是專指教育或學術機構，而是像其他工商業界都有一個「基爾特」一樣，這個詞是屬於「學人基爾特」。還記得嗎？我們在本書第二章曾講到，中古世紀在工商業和都市復興以後，幾乎可以說每一個行業都有自己的「基爾特」，也就是「同業公會」，這些同業公會操縱著城市裡該行業的經營權。

而「大學」這個「學人基爾特」的組織和任務，都和「工人基爾特」頗為相似，比方說，在「工人基爾特」裡有師傅、工人和學徒，在「學人基爾特」裡則有教師、學士和學生。

「學人基爾特」的存在，是以團體的力量來對付教會和政府當局的控制，保護自己的學術自由和經濟利益，包括有權排除不合格的教師，或對抗過分苛求的人民等等。總之，當主教座堂學校的人數膨脹到一定程度時，以集體行動來保衛自身各方面的權益，就是一個非常自然的過程，其結果便是中古大學的產生。

下面我們就來介紹一所可說是中古世紀最著名的大學——巴黎大學。

◆大學的誕生——以巴黎大學為例

雖然傳統上都以西元第十二世紀下半葉、西元一一七〇年，做為巴黎大學的起始，實際上這一年只是成立了一個「巴黎師生協會」而已，那是教師與學生們，為了合力對付當時來自地方上（包括治安體系在內）的壓力而成立的。真正催生巴黎大學的，是西元第十三世紀初發生的一次騷亂事件。

大約在西元一二〇〇年，一些日耳曼學生搗毀了一家酒店，酒店老闆在混亂中差一點就丟了性命。此事引起附近居民極大的公憤，隨後便和警察一起採取了報復行動，結果造成五名學生被害。於是，「巴黎師生協會」就訴諸王權，要求國王出面處理。

此時的法蘭西國王是腓力二世（就是我們在前面第四章中提到過，在「布文戰役」中大敗英格蘭與日耳曼聯軍的那位法王）。腓力二世為了取悅學人，下令將巴黎警長革職，重罰參與暴動的人，並且賜予「巴黎師生協會」豁免權。

豁免權本是教士特享的權利，從此「巴黎師生協會」不啻就是脫離了地方政府的管轄，往巴黎大學的形成邁進了一大步。

不過，儘管已經脫離地方政權的控制，巴黎師生還是隸屬於教區祕書長的麾下。在此情況之下，不難想見巴黎師生下一個階段的目標，當然就是要進一步擺脫當地教會的約束。於是，「巴黎師生協會」遂積極向教會最高當局請願。西元一二一五年，羅馬教宗依諾增爵三世終於同意今後該協會直接隸屬於羅馬教廷，教廷特使並頒布「特許狀」，明文規定「巴黎師生協會」享有豁免權。

又過了十幾年，到了西元一二三一年，教宗格列哥里九世（約西元一一七〇年～一二四一年）頒布了一分詔書，叫做「知識之源」，這分詔書又被稱為「大學憲章」，對於巴黎大學的命運來說至關重要，因為裡頭規定「巴黎師生協會」對組織、課程、教學方式、考試、學費、學位如何授予，乃至服裝等等，都擁有自行決定的權利。

「巴黎主教座堂學校」在成立六十一年之後，至此終於演變成「巴黎大學」。

宣布大學憲章的教宗格列哥里九世，他夢見聖方濟。

教學許可狀

從巴黎大學和其他在西元第十二、十三世紀各大學的演變過程中，有一件事很值得注意，是關於「教學許可狀」的產生。這就類似今天大學所授的「學位」，

教宗格列哥里九世。

和證明此學位的「文憑」。

一所學校的學生，只要經過考試及格，由學校頒給「教學許可狀」之後，憑著這分許可狀，就可以在學校的勢力範圍之內自由收徒授課。在過去主教座堂學校時代，這樣的許可狀，通常都是由教區主教或其代表來頒發，效力亦僅限於該教區的範圍之內，可是像巴黎大學、波隆納大學這樣享有極高學術聲譽之學校所頒發的許可狀，就具有更高的效力，以今天的話來說，就是具有更高的含金量，甚至因為獲得了羅馬教宗或神聖羅馬帝國皇帝的認可，得以通行於整個基督教世界。

如前所述，中古大學的演變是自然而然、逐漸演變，並沒有一個統一的標準或是一個預先的計畫。大致說來，可分為北部的「巴黎型」和南部的「波隆納型」，縱觀中古大學的組織幾乎都不出這兩種。

簡單來說，巴黎的「師生協會」（「巴黎型」）是由教師來主持，所有的行政大權都是操於教師之手，波隆納大學（「波隆納型」）的組織則剛好相反，控制學校的不是教師，而是學生。「學生基爾特」會採取各種方式，來規定教師的授課時數、授課範圍、考試方式，甚至還會派人查堂，確保教師有認真授課，沒有缺課或遲到早退等不良現象，如果有教師違反規定，「學生基爾特」就會採取行動，輕則對該教師處以罰款，重則乾脆將其解職。被解職的教師，如果沒有「學

波隆納大學校徽，標誌該校從西元 1088 年創始。

描繪 15 世紀末波隆納大學學生的繪畫。

生基爾特」的許可，還不得擅自離城。總之，波隆納大學的行政是完全操在「學生基爾特」之手。

為了取得「教學許可狀」，一個十四、五歲的少年必須經過至少六、七年以上的苦讀，然後加入該校的「基爾特」，享有會員一切的權利，成為一位「職業教師」。如果此時他還有意願繼續深造，也可以繼續攻讀神學、法律或醫學。最後能夠完成學業的人，不僅會是學術界的佼佼者，往往也成為社會的領導人物。

大學校園與校舍

早期的大學，除了原來主教座堂學校的有限範圍之外，並沒有其他的校園或校舍，更沒有行政機構或是教學制度。一位教師，只要得到了當地「學者基爾特」的許可，就可以開始收徒授課，至於授課的地點非常隨意，也許是在廣場，也許是在走廊，也許是在草地，哪兒都行。

「College」一詞，今天在英國是指學院、職業學校或技術學校，在美國是指大學、高等專科學校或高等職業學院，但是在中古世紀其實是指宿舍，是由教會或善心人士為了幫助一些家境清寒的子弟所設。中古大學最早的建築，除了原有的主教座堂學校，就是這種分布在學校附近的宿舍。

住宿學生所需的書籍、文具之類都由房主供應，但學生在畢業之後不能帶走，必須留下供後來的學生繼續使用。慢慢的，大學圖書館遂應運而生。

中古盛期各個學科的成就

在這一節中，我們就來稍微了解一下中古盛期各個學科的成就。

翻譯

翻譯。自西元第七世紀回教控制了地中海以後，東西交通就因此斷絕，希臘語文也就隨之衰落，直到西元第十二世紀，由於十字軍運動重啟了東西交通，以及學術風氣的普遍提高，希臘作品又獲得西方學者的注意，而日後希臘的思想和科學之所以能流入西歐，就是靠著一批學者在翻譯工作上所做的努力。西班牙和西西里是當時兩大翻譯中心，前者較之後者更為重要。

此外，西元第十二世紀西歐的翻譯工作都是所謂的「間接翻譯」，因為都是從阿拉伯文轉譯而來。儘管如此，但靠著迂迴的轉譯，希臘哲學和科學才能重新流入西方，直到西元第十三世紀以後，第四次十字軍東征建立了「君士坦丁堡拉丁帝國」，西方學者才有了和希臘學者直接接觸的機會，一些重要的書籍總算能夠從希臘原文直接譯為拉丁文了。

- **數學**。在中古盛期，西歐最著名、貢獻也最大的一位數學家，名叫雷納

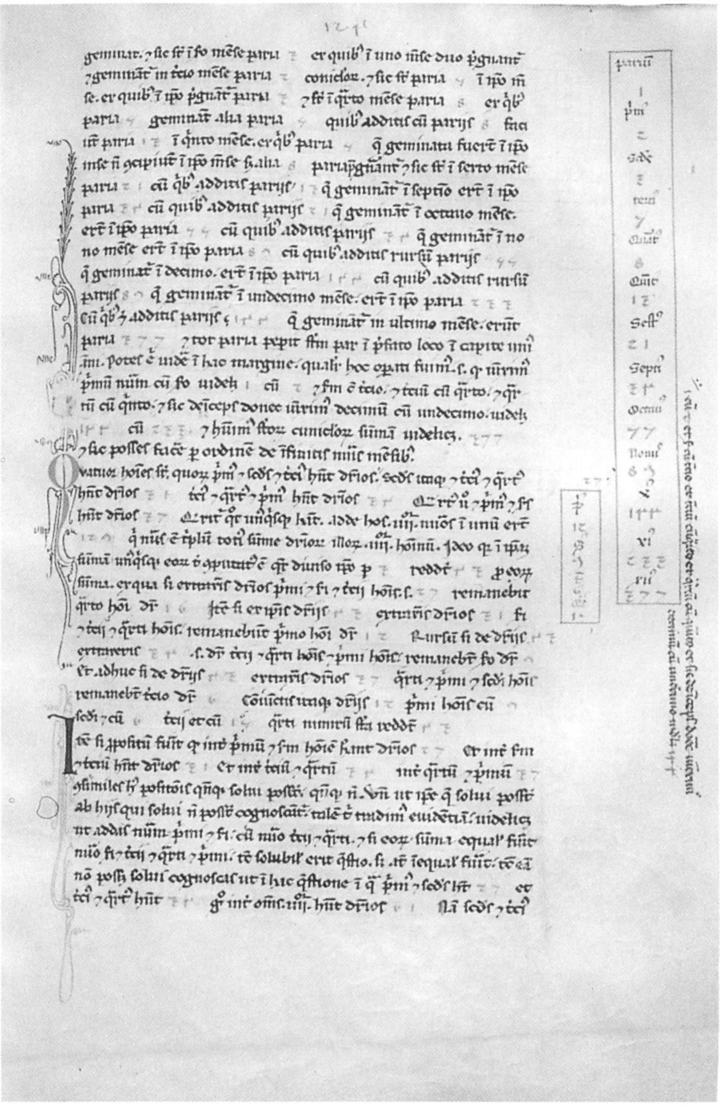

《算盤論》一書的內頁。從頁面右方的格子中，可以看到作者把阿拉伯數字和拉丁數字排列對照。

德．斐波那契（約出生於西元一一八〇年，卒年不詳）。他是義大利比薩地區的人，幼年隨父親至北非阿爾及利亞，跟隨一位回教學者學習，等到年紀稍長，漫遊於埃及、敘利亞、希臘和西西里等地。大約在二十二歲那年（西元一二〇二年），斐波那契出版了《算盤論》一書，這是西歐基督徒所寫的第一本有關阿拉伯數字、「0」符號、十進法等數學問題的書。十八年後斐波那契又寫了《幾何入門》，用代數來解幾何法則，這在當時又是一項創舉。五年後（西元一二二五年），斐波那契再接再厲，又寫了幾本討論方程的小冊子。

經過斐波那契持續不懈的努力，使得數學這個學科有了穩固的基礎，在各大學的課程裡，也幾乎都開設了數學這一門。

斐波那契是第一位撰寫有關阿拉伯數字、十進法等數學問題的西歐人，此畫像繪於19世紀。

天文。和數學密切相關的學科是天文學。中古盛期，除了經由翻譯使許多來自阿拉伯的天文學書籍先後傳入西歐，學者們也積極從阿拉伯輸入各種改進的天文儀器，大大增加了西方學者實驗的興趣。不過，天文學畢竟只是少數學者研究的對象，一般民眾更有興趣的還是星象學。古埃及人和波斯人就很相信一個人的命運是受到天上星辰的支配，所以觀察星象就可以預測吉凶禍福，甚至是國家的興亡，這些觀念在中古盛期仍然十分盛行。

醫學。在西元第十二世紀以前，所謂的「醫術」，大多操之於修士，修道院通常附設有「醫院」，直到許多希臘和阿拉伯的醫藥書籍陸續被譯成拉丁文以後，醫術才逐漸傳到一般人。在中古盛期，醫學方面發展最突出的應首推外科，在西元第十二世紀下半葉（西元一一七〇年），出現了一本《外科入門》，這是西方第一本討論外科的專書。到西元第十三世紀上半葉，有人體解剖的案例，到了十三世紀末，則開始有外科醫生用解剖屍體來確定死者的死因。西元一二八六年，出現西方有史記載的第一個驗屍案例。

法律。中古盛期在法律方面最重要的事，就是羅馬法的復興，這自然有其特定的時代背景。由於西元第十二世紀時，西歐出現了幾位傑出的帝王，譬如日耳曼的腓特烈一世、英格蘭的亨利二世、法蘭西的腓力二世等等，他們都致力於鞏固王權，希望建立強有力的政府。在這樣的過程中，他們為了排除封建貴族和教會的反對力量，並為自己的立場做辯護，不約而同地採用了類似的手段，一方面利用都市裡中等階級的經濟力量，謀求政治和軍事上的獨立，使自己不必再依賴貴族和教士，另一方面也命學者積極從歷史上去尋找王權的根據，於是，羅馬法頓時變得炙手可熱，因為按古羅馬的法律，帝王理所當然是擁有國家行政最高權力的人。

● **歷史**。在西元第十二世紀以前，西方歐洲的歷史作品大多是採紀年形式的世界年鑑或是地方志，到第十二世紀以後，這樣的歷史著作雖仍繼續存在，但同時也陸續出現了許多能夠反映時代的新題材，比方說，由於王權的發展因此有了王朝史，由於都市的興起於是有了城邦史，由於十字軍運動而有了豐富的十字軍史籍等等。

● **方言文學**。方言文學大致可分為兩類——「史詩」和「情詩」，都是屬於韻文歌謠；前者是根據一些歷史人物事蹟為藍本而編撰的英雄浪漫故事，譬如我們在之前曾經介紹

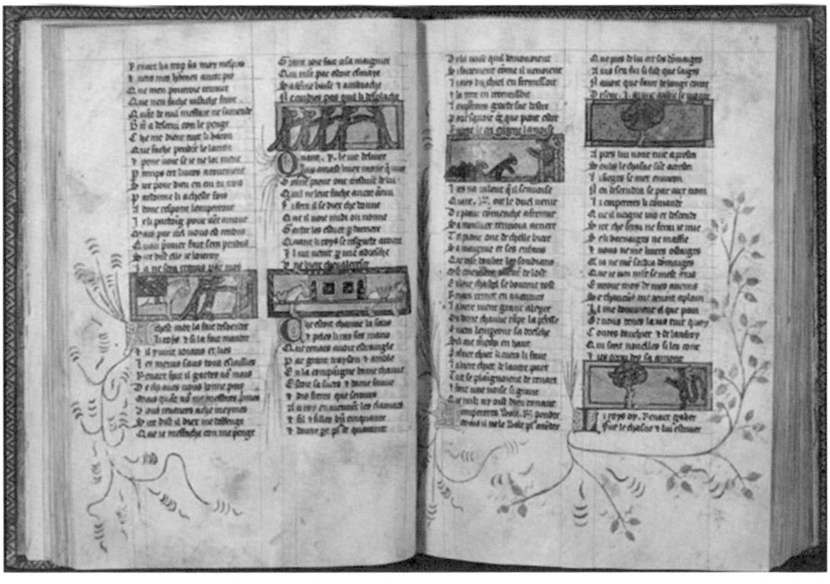

法國國家圖書館館藏《列那狐》一書的內頁。

過的《羅蘭之歌》，後者則以謳歌男女愛情為主題。

此外，還有一部既不是「史詩」也不是「情詩」的長篇敘事詩也很重要，那就是著名的《列那狐》。這部作品完成的年代，大約在西元第十二世紀中葉至十三世紀末，是先後由好幾位民間詩人陸續接力而成，採用動物寓言的形式，從中可以看到深受《伊索寓言》的影響。詩中描述一隻名叫列那的狐狸（象徵中古都市人民），是如何與獅子、狼、熊等猛獸（象徵那些有權有勢的貴族）鬥智，最後獲得勝利的故事，故事中對於貴族的種種諷刺，令人看得痛快淋漓。

● **建築**。很多人都說，中古文化最重要的元素就是三個C，也就是——騎士精神（Chivalry）、十字軍運動（Crusade），和表現基督教信仰的主教座堂（Cathedrals），而對於現代人來說，這三個C，大家肯定是對主教座堂最感親切，因為許多西元第十二、十三世紀所建造的主教座堂，到今天依然矗立在歐洲諸多大城市裡，成為觀光客必遊的勝地。可以說，中古的藝術當然絕對不僅限於主教座堂，但這些主教座堂確實是中古藝術的精華。除了建築形式之美，還囊括很多諸如繪畫、雕刻等藝術品，都頗值得觀賞。

● **哲學和神學**。神學是怎麼來的呢？簡單來說，就是中古基督教學者，希望能夠為自己的信仰找出一個合乎理性的解釋，後來這些關於信仰的種種討論，經過時間的激盪與融會貫通之後，成為一門完整的學問，這就是神學。當然，在人們討論神學之前，必須先有一個哲學體系的形成，因此很多中古人文學者最感興趣的就是哲學和神學。

看了以上這些簡單的介紹，相信大家都會同意，中古文化還是有其特色，並不像文藝復興時代學者所想像的那麼黑暗和野蠻，所謂「黑暗中古」，確實是相當不公平的說法啊。

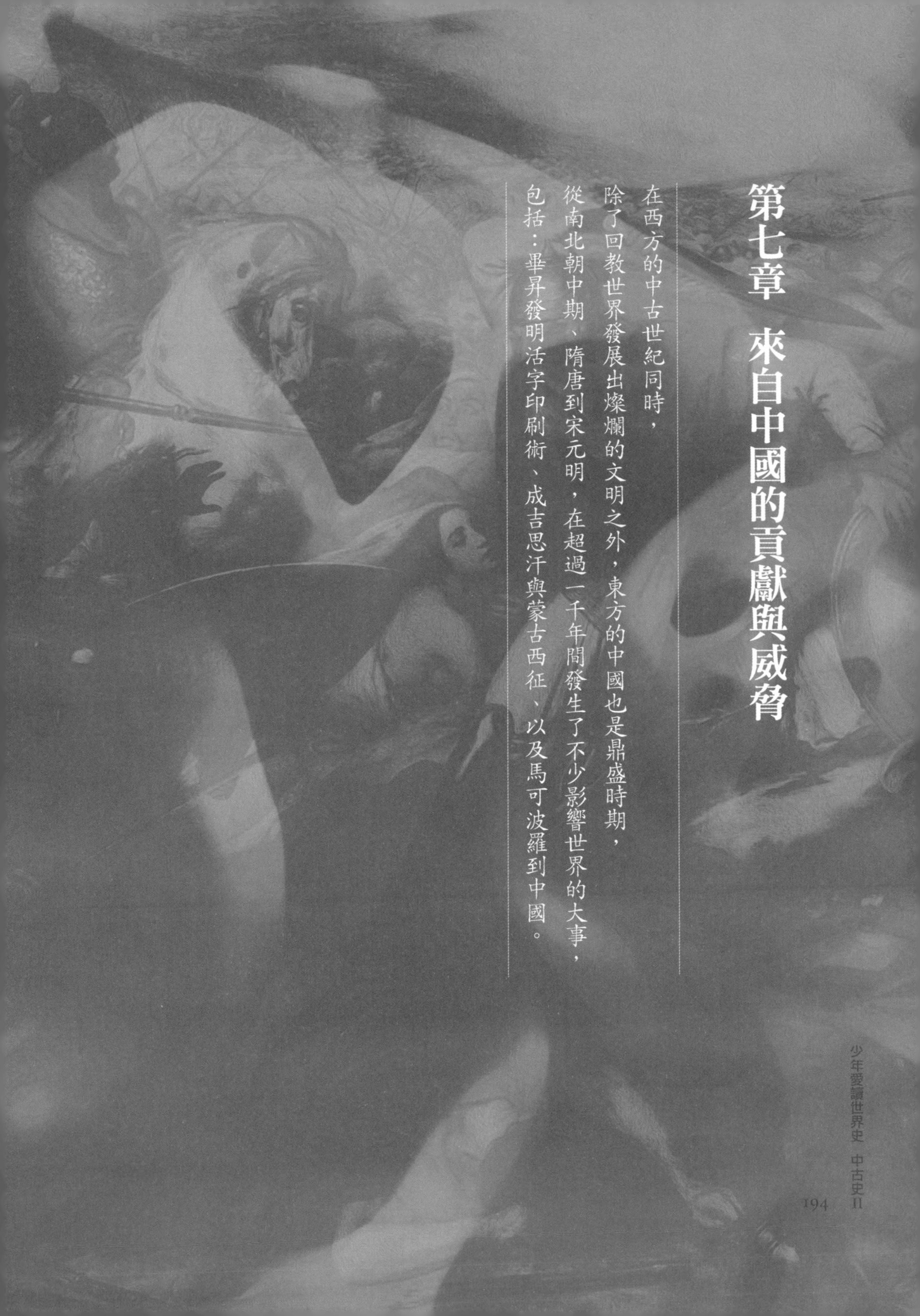

第七章　來自中國的貢獻與威脅

在西方的中古世紀同時，
除了回教世界發展出燦爛的文明之外，東方的中國也是鼎盛時期，
從南北朝中期、隋唐到宋元明，在超過一千年間發生了不少影響世界的大事，
包括：畢昇發明活字印刷術、成吉思汗與蒙古西征、以及馬可波羅到中國。

對於中古世紀的時間定義，大多數學者都認為是從西元五世紀末至十四世紀初（不過，從西元十四至十六世紀，一般又被稱之為「文藝復興時代」，那是我們將要在卷六所講述的主題）。

差不多同一時期，中國從南北朝（西元四二〇～五八九年）中期開始，歷經隋朝（西元五八一～六一八或六一九年）、唐朝（西元六一八～九〇七年）、宋朝（西元九六〇～一二七九年）、元朝（西元一二七一～一三六八年），一直到明朝（西元一三六八～一六四四年）初年，這段時間正是中國的鼎盛時期，在這段時期之內發生了不少影響世界的大事，現在我們就只選取三件大事來做介紹，按時間先後順序分別是：畢昇發明活字印刷術、成吉思汗與蒙古西征、以及關於馬可波羅到訪中國的事。

1 畢昇發明活字印刷術

中國古代的四大發明（造紙術、指南針、火藥和印刷術），就問世的時間來看，印刷術是最晚的。

關於印刷術的發展，中國在隋朝時就已出現了雕版印刷，過了大約五百多年之後，在北宋時期出現了活字印刷，這可真是一項石破天驚的偉大發明。

活字印刷術的發明者畢昇（約西元九七一～約一〇五一年），是一個普通老百姓，所以關於他的生平，正史上付諸闕如，連他的生卒年都無法確定。歷來史書上都只說「布衣畢昇」，「布衣」就是平民的意思。

後來才有學者考據出畢昇應該是湖北人，而且推測這位偉大的平民發明家應該是一位從事雕版印刷的工匠，因為只有從業人員才能如此深刻感受到雕版印刷的諸多不便。過去，每印刷一頁書就要雕一塊版，像這樣雕刻了一頁又一頁（一塊版又一塊版）來印刷的方式，如果要印一部大部頭的書，真不知道要投入多少時間、雕刻多少塊版。而且，每一塊版在雕刻好之後，如果發現有錯字也不能更改，還要騰出很大的空間來存放這麼多的雕版……總之，在活字印刷術發明以前，中國文化的傳播方式主要是摹印、拓印和雕版印刷三種，前兩種只能在極小的範圍之內傳播，雕版印刷則既笨重費力又耗料費時。在這樣的情況之下，由一個優秀的、很會動腦筋的從業工匠，來針對雕版印刷加以改良，似乎是一件非常自然的事。

學者推斷，畢昇應該是在宋仁宗慶曆年間、大約西元一〇四一～一〇四八年間發明了活字印刷術，比德國人古騰堡（西元一三九八～一四六八年）發明金屬活字印刷術的時間，要早了四百多年。

關於古騰堡的發明，雖然一般學術界普遍都傾向認為他是屬於獨立發明，意思就是說，並沒有受到其他文化的影響，完全是自己無中生有，但也有一些西方學者推測，古騰堡應該多多少少還是有受到中國印刷術的啟發。根據史料記載，畢昇的活字印刷後來有傳到國外，最先是傳到朝鮮，稱為「陶活字」，大約在西元第十五世紀時傳到了歐洲。

什麼叫做「活字印刷」呢？北宋政治家、科學家沈括（西元一〇三一～一〇九五年）在《夢溪筆談》〈活板〉這篇文章裡頭，詳細記錄了

古騰堡的畫像，繪於他過世之後。

16 世紀中葉歐洲的印刷廠作業，每小時最高可印製 240 張頁面。

畢昇活字印刷術的步驟。

● 第一個階段，用膠泥做成一個個四方形的長柱體，並在上面刻上一個個的單字，譬如「你」、「我」、「他」、「家」、「日」、「月」、「山」、「的」、「上」、「亮」、「看」、「到」……然後，把這些單字分別拿到火上去燒硬，這就成了一個個的「活字」。在製作活字這個階段，雖然要花很多時間（想想看，漢字有多少啊！這個數量、工作量當然是非常驚人的），可是，一旦「活字製作」這個階段完成以後，接下去的印刷過程就會簡單得多。

● 要準備印書的時候，工匠們需要準備一塊塊的鐵板，這些鐵板的尺寸和要印刷的書頁大小一樣，每一塊鐵板的四周都圍著一個鐵框，以便於操作。工匠在鐵板上面塗上松香或是蠟之類的物質，然後就開始根據文章的內容，在鐵板上排上一行又一行的活字，譬如：「我的家」、「他跑到山上看月亮」等句子。

● 當一塊鐵板用活字都排好了，就可以放到火上去烤。這樣過了一段時間，等到鐵板內的松香和蠟都慢慢熔化以後，再用一塊平板從排好的活字上面壓過，使這些活字看起來很平整。

● 等松香和蠟這些藥劑都冷卻了以後，活字就會固定在鐵板上，到這個時候，一塊活字版才算是正式的排好，接下來只要在版上塗上墨，再將之覆蓋在乾

版印書籍唐人尚未盛為之自馮瀛王始印
五經已後典籍皆為版本慶曆中有布衣
畢昇又為活版其法用膠泥刻字薄如錢
脣每字為一印火燒令堅先設一鐵版其
上以松脂臘和紙灰之類冒之欲印則以
一鐵範置鐵板上乃密布字印滿鐵範為
一板持就火煬之藥稍鎔則以一平板按
其面則字平如砥若止印三二本未為簡
易若印數十百千本則極為神速常作二
鐵板一板印刷一板已自布字此印者纔
畢則第二板已具更互用之瞬息可就每
一字皆有數印如之也等字每字有二十
餘印以備一板內有重複者不用則以紙
貼之每韻為一貼木格貯之有奇字素無
備者旋刻之以草火燒瞬息可成不以木
為之者木理有疎密沾水則高下不平兼
與藥相粘不可取不若燔土用訖再火令
藥鎔以手拂之其印自落殊不沾汚昇死
其印為余羣從所得至今保藏

沈括《夢溪筆談》中記錄了畢昇發明活版印刷，他所使用的「膠泥刻字薄如錢」。

淨的紙面上，就可以印刷了。

● 印刷完畢後，只要把剛才的流程倒過來操作，將這些活字版再一一放回火上去烤，讓裡面的藥劑融化，版面上的活字就會脫落，然後可以輕易取下，這樣，下一次要印製書籍的時候就可以再度使用。如此靈活，可以多次反復使用，所以稱之為「活字」。

縱觀活字印刷術的整個流程，只要事先準備了充足的活字，就可以隨時拼版，大大加快了製版的時間，而且在印刷完畢以後又可以隨時拆版，日後還可以重覆使用。另外，保存這些活字和鐵板也不像過去需要那麼大的空間，有很高的機動性。

活字印刷的原理很簡單，而且和幾百年後鉛字排版的印刷原理相當一致，非常的了不起。

畢昇的活字印刷術，是印刷史上一次非常偉大、且深具革命性的進步，為中國文化經濟的發展做出了卓越的貢獻。但是，由於畢昇只是一個平民，儘管他所發明的活字印刷術在效率上，比過去的雕版印刷要提高很多，但也只能靠著口碑、以口耳相傳的方式在民間慢慢傳開，這與東漢蔡倫在發明「蔡侯紙」以後，迅速就可以在全國普及的情況相較，著實有很大的差別。

2 成吉思汗與蒙古西征

在西元第十九世紀末、二十世紀初，西方興起了一種「黃禍論」，一時之間還頗甚囂塵上。這是一種極端的民族主義理論，持這種論調的人認為，對白人來說，黃種人一直是極大的威脅，所以呼籲白人應當謹記歷史的教訓，聯合起來一起對付黃種人。

◆黃種人是歐洲人的「黃禍」？

一般認為，「黃禍論」最早是由俄國一位無政府主義者米哈伊爾．亞歷山大羅維奇．巴枯寧（西元一八一四～一八七六年）所提出來的。他為了證明黃種人的可怕，在《國家制度和無政府狀態》書中，特別舉出歷史上三次重大的「黃禍」：

● 第一次是發生在西元第四至第五

俄國無政府主義者巴枯寧在他的論著中提出有三次「黃禍」對西方歷史響深遠。

世紀，那時的中國是漢朝時期，匈奴分裂為北匈奴和南匈奴，南匈奴對漢朝俯首稱臣，漢朝遂聯合南匈奴合力擊敗了北匈奴，北匈奴在走投無路的情況之下不得已西遷，成為歐洲人眼中來自東方的匈人。接下去，由於匈人對日耳曼人和東羅馬帝國的侵擾不斷，日耳曼人因此被迫南遷，最後這些南遷的日耳曼人滅了西羅馬帝國。

● 第二次發生在西元第十一至十二世紀，當時西方是中古世紀，正值中國的隋朝時期，突厥分裂為東突厥和西突厥，兩者後來雖然都相繼被唐軍所滅，但在唐軍對付西突厥的過程中，仍有部分漏網之魚緊急西遷避難，突厥人西遷之後便對東羅馬帝國展開了征伐，引發了十字軍東征，最後突厥人建立的**奧斯曼帝國**還滅了東羅馬帝國。（巴枯寧的意思就是說，如果西突厥不是因為在中國無法生存，就不會跑到西方來搗亂，東羅馬帝國就不會滅亡。）

● 第三次發生在西元第十三世紀中葉，當時中古世紀的盛期已近尾聲，即將進入中古晚期，蒙古第二次西征，在占領布達佩斯以後，前鋒攻至維也納附近的諾伊施達，主力軍還渡過了多瑙河，奪下格蘭城，引起歐陸各國一片恐慌。所幸稍後由於窩闊臺（西元一一八六～

奧斯曼帝國——奧斯曼帝國（西元一二九九～一九二三年），是土耳其人在西元第十三世紀末所建立的多民族帝國，因創立者奧斯曼一世（西元一二五八～約一三二六年）而得名，極盛時期勢力曾達亞歐非三洲。土耳其人原為突厥的一個小部族，最初居住在中亞，後來遷至小亞細亞，然後日漸興盛。奧斯曼帝國在西元一四五三年滅了拜占庭帝國（也就是東羅馬帝國）以後，就定都君士坦丁堡，並將之改名為伊斯坦堡，之後就以東羅馬帝國的繼承人自居。

建立奧斯曼帝國（又稱鄂圖曼）的奧斯曼一世。

一二四一年）大汗去世的消息傳來（「汗」是類似皇帝、國王之意），統帥拔都（西元一二〇九～一二五六年）因汗位繼承問題，急忙撤軍趕回東方，歐洲的危機才得以解除。

在這三次「黃禍」中，西方公認第三次最為可怕，因此在西方也有很多人只要一提到「黃禍」這個詞，就會直接和西元第十三、四世紀蒙古人的擴張聯繫在一起。

1258 年蒙古人包圍巴格達城。

蒙古人第一次入侵波瀾時在波蘭附近發生戰役。

成吉思汗與忽必烈

講到蒙古，當然不能不介紹成吉思汗（西元一一六二～一二二七年）。他不僅改寫了中國的歷史，也大範圍影響了世界歷史。

成吉思汗出身於蒙古的貴族之家，父親為乞顏部落的領袖。他本姓「奇渥溫」，名「鐵木真」，在十二世紀中葉（西元一一六二年）出生於蒙古高原的斡難河畔。

在他八歲那年，父親被塔塔兒部落的人給毒死，緊接著在遷營的時候，掌握部落大權的人竟然無情拋下了他們母子幾個人，連一頭牲畜也吝於留給他們。蒙古民族本來都是過著游牧生活，此時他們什麼

元世祖成吉思汗。

牲畜也沒有，母親只好帶著鐵木真等四個兒子改以漁獵和挖野菜、採野果為生，日子過得非常艱辛。身為長子的鐵木真，可想而知勢必要承擔更多的責任。在這樣飽受生活的磨難中，他的心智自然也得到更多的鍛鍊。

十三歲那年，發生了一件事，很能凸顯出少年鐵木真已經具備了不凡的領袖氣質，包括遇事冷靜，而且勇氣十足，膽識過人；原來，他被敵人抓去，還負枷示眾，備受羞辱，可是他不僅沉著面對，一點兒也不害怕和慌亂，當天夜裡還居然自己設法潛逃回家！

鐵木真深刻感受到，唯有自己強大才不會被人欺負的道理，決心要恢復父親的功業，於是在他十八歲成親以後，就開始慢慢號召父親當年的舊部屬，希望能夠逐步恢復自己部族的地位。

讓鐵木真聲威大震的是一次不愉快的事故。那是在他婚後，夫妻倆的感情很好，不料一年多後妻子竟然被蔑兒乞部落的人給劫走，鐵木真大怒，立刻聯合盟友札木合一起出擊，大敗蔑兒乞部落，奪回了妻子，還抓回大批的俘虜。在這之後，父親當年的部屬與奴隸就都紛紛主動歸附，鐵木真的實力迅速壯大。

西元一一八九年，時年二十七歲的鐵木真被部眾擁戴為「汗」。這引起盟友札木合極大的不滿和嫉妒，遂憤而召集了十三部總共三萬兵力出擊，鐵木真也以三萬兵力分為十三翼應戰，史稱「十三翼之戰」。

戰爭結果，札木合獲勝，但是由於生性暴戾的札木合對待俘虜的方式非常殘忍，連自己的部屬都看不過去，非常不滿，就紛紛倒戈轉向鐵木真，於是原本戰敗的鐵木真，在戰後的實力反而獲得了增強。

又過了七年（西元一一九六年），塔塔兒部落因為反抗金朝，兵敗逃竄，鐵木真和克烈部應金朝大軍統領之約，合力阻擊塔塔兒部。鐵木真的父親當年就是被塔塔兒部的人給毒死的，他對塔塔兒部本來就恨之入骨，這回不僅殺了他們的首領，並擄獲大批人畜財物，算是報了父仇，同時也顯著提高了自己的威望，成為蒙古草原上一支非常強大的力量。

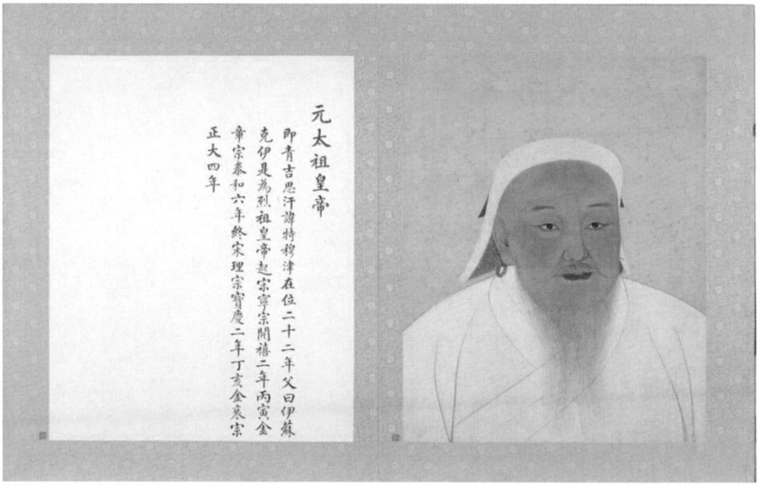

元太祖忽必烈。

進入西元第十三世紀以後，鐵木真用了七年的時間，經過四次比較大規模的戰役，徹底擊敗了各個部落，真正稱霸於蒙古草原。西元一二〇六年春天，鐵木真在蒙古部原聚居地斡難河源頭召集部落會議。就是在這一次的大會上，時年四十四歲的鐵木真被一致推為「大汗」，上尊號為「成吉思汗」，「成吉思」這個名字在蒙古語中是「海洋」、「天」或「堅強」的意思，國號「大蒙古汗國」。

成吉思汗在即帝位以後有許多英明的舉措，不但加速了蒙古汗國封建制度的形成，大大推動了社會生產力的發展，也為日後元朝的建立奠定了堅實的基礎，包括推動創制了蒙古民族的文字，一改過去立國之前沒有文字的落後狀態，另外，在政治、經濟、軍事等也展開全方面的改革等等。

成吉思汗的武功當然也十分了得，尤其他所展開的南進與西征，除了不斷地開拓疆土，還產生了更深的含義，譬如西征就打開了東西方交通的道路。在成吉思汗晚年，蒙古大軍甚至長驅直入至俄羅斯境內，一直推進至克里米亞半島、伏爾加河流域和多瑙河流域，世界為之震動。

西元一二二七年，成吉思汗興兵征伐西夏，在途中過世，享年六十五歲。近半個世紀以後（西元一二七一年），成吉思汗的孫子忽必烈取《易經》「**大哉乾元**」之義，建國號為「大元」，以大都為首都。不過，雖然忽必烈是元朝真正的第一

大哉乾元——「大哉乾元」，「哉」是感歎詞，有讚歎的意思；「乾」是天，「元」是「始」，「乾元」，就是「乾之元」，意指天道之始，形容天子的大德。

任皇帝，但由於元朝的根基是在成吉思汗的時代所奠定，因此後人均將成吉思汗稱為元太祖。

元朝是中國歷史上第一個由少數民族所建立的統一政權，不僅結束了中國自五代以來分裂的狀態，在接下去元朝所統治的一百三十多年當中，也是一個民族大融合的時期，更是中國與世界產生密切聯繫的一個時期。

在成吉思汗臨終前，立三子窩闊臺為繼承人。窩闊臺是一位天生的將才，在他的領軍之下，蒙古軍不但繼續在中國境內到處征戰，還打敗了俄羅斯聯軍，繼而遠征歐洲。西元第十三世紀中葉（西元一二四一年），蒙古軍隊相繼與波蘭、匈牙利與德意志軍隊交戰，驍勇異常，大敗三國聯軍，直攻捷克境內的布達佩斯。然而就在同年，窩闊臺去世，蒙古軍匆忙

建立欽察汗國的拔都與其戰士造訪印度教寺廟。

撤出歐洲，從此再也沒有回去過。這就是在西方歷史上令人聞之喪膽、事態最嚴重的一次「黃禍」。

忽必烈是成吉思汗第四子托雷（西元一一九三～一二三二年）的兒子，他在建立元朝以後，繼續征戰，元朝成為中國歷史上疆域最大的朝代，所轄地區除了中國以外，還包括俄國、中亞、波斯，以及亞洲西北部的大部分地區。忽必烈的統治範圍，包括朝鮮、西藏和部分東南亞國家和地區。

成吉思汗對世界歷史的影響相當深遠。舉例來說，他另外一個孫子拔都，橫掃東歐，在西元第十三世紀中葉建立了欽察汗國（又稱金帳汗國），疆域東起**額爾濟斯河**流域，南至裏海，西到**斡羅斯**，北迄**伏爾加河**上游，在俄羅斯統治了近兩個半世紀；蒙古在克里米亞的統治則一直持續到西元第十八世紀末；成吉思汗其他幾個孫子也紛紛在中亞和波斯建立了王朝，其中一個後裔還入侵印度，建立蒙兀兒帝國（「蒙古帝國」之意，西元一五二六～一八五八年），幾乎統治了整個印度，直到十八世紀中葉。

額爾濟斯河——發源於中國新疆維吾爾自治區富蘊縣阿爾泰山南坡，沿著阿爾泰山南麓向西北流，在哈巴河縣以西進入哈薩克斯坦國，後又流經俄羅斯。

斡羅斯——「斡羅斯」，是俄羅斯的族名，在中國史籍中最早出現於元朝，當時稱為「羅斯」或「羅剎」，到滿清統治中國以後，用蒙語轉譯成漢語時，就成了「斡羅斯」或「鄂羅斯」。

伏爾加河——伏爾加河位於俄羅斯的西南部，注入裏海。它全長三千六百九十二公里，是歐洲最長的河流，也是世界最長的內流河。由於對俄羅斯人民的生活有著非常重要的意義，並深具經濟效益，因此被俄羅斯人稱之為「母親河」。

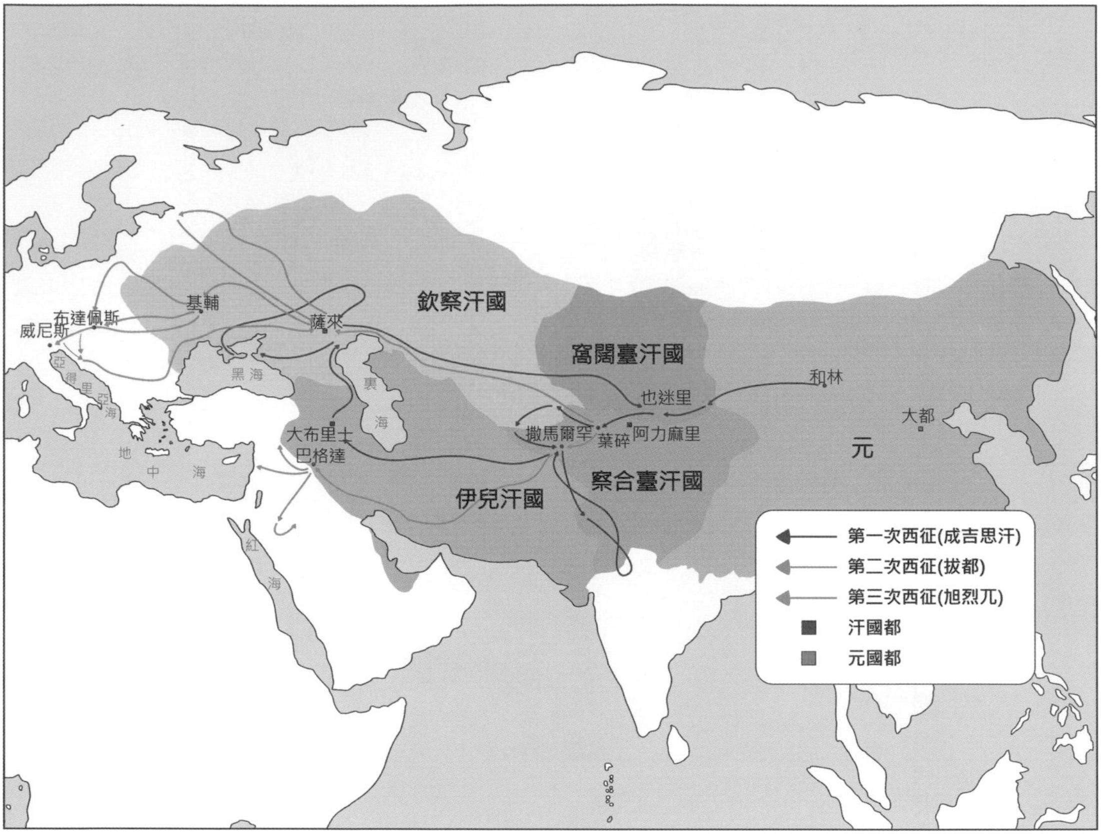
欽察汗國
窩闊臺汗國
察合臺汗國
伊兒汗國
元
基輔
布達佩斯
威尼斯
薩來
黑海
裏海
亞得里亞海
地中海
紅海
大布里士
巴格達
撒馬爾罕
葉碎
阿力麻里
也迷里
和林
大都
第一次西征(成吉思汗)
第二次西征(拔都)
第三次西征(旭烈兀)
汗國都
元國都

蒙古西征地圖

可以說，從成吉思汗開始，蒙古軍改變了中國、波斯和俄羅斯的歷史進程，並且創建了一個統一的區域，將東方和西方、中國和地中海聯結在了一起，呈現出一個前所未有的局面。無形之中，成吉思汗和他的繼任者，也為無數南來北往的客商，提供了一條安全且處於有效管理之下的商路，促進了東西方經濟、文化等多方面的交流。

3 馬可波羅與東西交流

從歷史的演進，我們可以看到戰爭和貿易經常是聯繫在一起的。不少西方學者就指出，由於蒙古軍隊破壞了很多原本地位重要的伊斯蘭城市（如巴格達、撒馬爾罕等），後來地中海地區的城市才得以後來居上，譬如義大利的威尼斯和熱那亞，正是因為蒙古軍隊沒有入侵西歐，所以仍然是當時西方最重要的商業中心。

《馬可波羅遊記》中的插圖，描繪他覲見忽必烈於大都王廷。

西元第十三世紀中葉，有一位威尼斯商人啟程前往中國，回來後以口述的方式寫了一本遊記，從此聲名遠播，他就是馬可波羅。

馬可波羅（約西元一二五四～一三二四年）出生於一個商人之家，父親和叔叔都是經常遠遊的商人。馬可波羅的母親死得很早，他是由姑媽等親人帶大的。由於家境不錯，他從小就有機會接受良好的教育，學習了地理和很多商業科目，譬如管理貨船、估價、認識外國貨幣等等，但是他對拉丁語掌握得不多。

19 世紀所繪的馬可波羅畫像。

大約在馬可波羅出生的隔年，他的父親和叔叔再次出發要去遠東做生意。一開始他們並沒打算要去中國，但因為一路上碰到戰事不斷，打亂了原定的行程，再加上巧遇元朝派往西方的使者，兩人遂決定改變計畫，前往中國。後來，他們到了大都，見到了元世祖忽必烈。忽必烈寫了一封給教宗的信，托他們帶回羅馬，想請教宗派人來中國，告訴他們歐洲是什麼樣子、歐洲人的生活方式和中國人又有哪些不同。

兄弟倆帶著這封信回到了義大利。此時，第八次十字軍東征剛剛結束。稍後他們拿到教宗給忽必烈的回信以後，於西元一二七一年動身，再次前往中國。這一次，時年十七歲的馬可波羅跟著父親和叔叔同行。他們從威尼斯乘船到黑海南

開平——開平是元代所建立的第二座草原都城，位於今內蒙古自治區錫林郭勒盟正藍旗境內，多倫縣西北閃電河畔，西元一二六〇年忽必烈在此登基，被譽為「聖龍起飛之地」，後毀於戰火，現在只剩下部分遺址。

岸登陸，再從陸路輾轉抵達元的上都**開平**，最後終於抵達了大都，前後行程費了三、四年的光陰。

據說忽必烈很喜歡聰明伶俐的馬可波羅，封了他很多官職，還派他到各地擔任皇帝的使者，不過史家對此說法大多表示存疑。

總之，按馬可波羅的說法，他在中國遊歷了十幾年，拜訪了很多城市，還到過中國西南地區的雲南和東南地區，見到了很多比當時的歐洲還要先進的文化成就。

西元一二九五年，去國二十四年的馬可波羅回到了威尼斯。據說，歸來時他和同行的夥伴一個個都穿著昂貴的絲綢長袍，衣服的縫隙裡有很多紅寶石和綠寶石，行囊中還有柔軟的皮衣和**韃靼**款式的衣服。

不久，馬可波羅參加了威尼斯和熱內亞的戰爭，在一次海戰中被俘，被關押在熱內亞的監獄裡。就在獄中，他認識了一位說法語的作家，便將自己在中國的遊歷講給這個作家朋友聽，後來這個作家就根據馬可波羅這些口述，寫成了一本書。

最初的書名叫做《百萬》，因為馬可波羅在講述自己在中國的種種見聞時，經常把「百萬」這個詞掛在嘴上，一會兒「百萬這個」，一會兒「百萬那個」，

韃靼——「韃靼」一詞，原本是中國古代對北方各遊牧民族的總稱，到了明代才專指蒙古族的一個部落，也就是東蒙古人，他們居住在現今俄羅斯貝加爾湖一帶和蒙古國大部分的地區。

《馬可波羅遊記》抄本片段。

譬如他會說當時中國有人口超過六百萬的城市，規模遠遠勝過歐洲，他還因此被稱為「百萬先生」。

這本用法語寫成的作品在西元一二九八年問世以後，非常流行，迅速被翻譯成多國語言，這在當時歐洲還沒有印刷術的年代是極為難得的。在接下去的兩個多世紀中，這本書出現了一百四十三個版本，在中國和日本等地的譯本普遍叫做《馬可波羅遊記》，也有的譯本叫做《東方見聞錄》。

全書的內容非常豐富，分為四卷，每卷底下再分章，一共有兩百二十九章。第一卷敘述馬可波羅在前往中國的路上，行經中東和中亞時的見聞；第二卷描述馬可波羅所見到的中國，以及中國當時的君主忽必烈；第三卷敘述東方沿海地區，包括日本、印度、斯里蘭卡、東南亞和非洲東岸；第四卷則敘述很多關於蒙古的征戰。

有學者統計，《馬可波羅遊記》所提到的國家、城市地名多達一百多個，藉著馬可波羅的感知，呈現出中古地中海地區、歐亞大陸和中國的諸多面貌，舉凡山川地理、物產、氣候、貿易、居民、宗教信仰、風俗習慣等等，在書中都有提及，無論是在中古世紀地理學的知識、亞洲的歷史、中西交通史，或者關於中國與義大利關係史等等，都有著重要的價值。

更重要的是，這本書激發了歐洲人的想像力，讓他們知道，在歐洲之外，有一個充滿財富與機會的世界，只要夠勇敢，敢於放手一搏，就有可能抓住時代難得的機遇。

《馬可波羅遊記》還帶動了同類型或類似風格作品的誕生。在這本書之後，又出現了其他一些也是旅行者所講述的故事，有的像《馬可波羅遊記》一樣，標榜裡頭的內容全部都是來自作者親眼所見以及親身經歷，也有的則是現實與虛構交織，充滿著浪漫色彩。這些作品，都讓西方人對美麗富饒而又神祕的東方心生嚮往。一般都認為，這些作品（尤其是《馬可波羅遊記》），對於西元十五世紀歐洲的航海事業，產生了不容小覷的推動作用。

自《馬可波羅遊記》問世以來就引起很多爭議，七百多年以來，不斷有人在爭論，馬可波羅究竟有沒有到過中國？這本書裡所記載的真的都是他真實的見聞嗎？

質疑者提出了很多疑點，比方說，馬可波羅竟然沒有在書中提到長城、茶葉、漢字書法、印刷術等這些非常重要的中國元素，而且他自稱深受忽必烈的信任，還擔任過官職，但所有東方史籍裡都找不到任何一條足以佐證的記載。但支持馬可波羅確實到過中國的學者則認為，中國元朝的長城在當時是處於年久失修、破敗不堪的狀態，又是土木結構，遠遠不像後來磚石結構的明長城那樣引人注目，因此沒有引起馬可波羅足夠的重視；蒙古人不喜歡喝茶，所以馬可波羅對茶葉也沒有什麼印象；馬可波羅不認識漢字，對於中國漢字的書法藝術和印刷術自然也就不會記載；至於擔任官職一說，頂多就是顯示馬可波羅的言辭有些誇大吧，甚至是有些吹牛，但還不足以將《馬可波羅遊記》的真實性全盤否定。

一般而言，學界多半還是支持馬可波羅確實是來過中國。當蒙古人的入侵打通了地中海和中國之間的貿易道路以後，學者推測馬可波羅的父親和叔叔原本是在克里米亞地區做生意，但因成吉思汗的兩個孫子剛巧在那兒爆發了戰爭，為了避難，他們被迫向東前進。他們可以說是第一批前往蒙古大本營的西方人。馬可波羅在書中描述當時的中國人使用紙幣、會將一種黑色的石塊做為燃料等等，乃至他所講述的一些關於印度人的習俗，都是當時的西方人聞所未聞，而且都是真實存在的，如果不是親身經歷，即使馬可波羅是一個極為高明、非常會講故事的人，似乎也很難擁有如此豐富的資料。再說，如果他沒到過中國，那他離開威尼斯之後長達二十幾年的時間又在哪裡呢？

無論如何，我們應該肯定，歐洲人確實是透過馬可波羅，第一次接觸到了中國，也第一次聽說了爪哇島、緬甸、香料群島等這些地方。馬可波羅的確向當時的西方，展現了一個多彩多姿的神奇新世界。

後記

歷史應該避免以今非古

管家琪

我們從上一卷進入了中古史。上一卷是講述中古世紀初期的歷史，這一卷講述的是中古世紀的盛期，十字軍東征就是發生在這一時期。

「武力傳教」，這在今天看來簡直是不可理解、甚至是十分野蠻的事，不過我們也不能忽略，「收復聖地、便於基督教徒能夠前往耶路撒冷朝聖」是十字軍的初衷，「武力傳教」則是之後的事，並不是原始目的，而且從後來的歷史看來，十字軍運動在中古世紀也具備著多方面的意義，產生了多方面的影響，似乎也不能全盤否定十字軍運動的價值。

歷史的演進就是這樣的，總是一步一步的慢慢推進，包括我們現在會有「武力傳教非常野蠻」的想法，這也是在人類普遍文明化了之後的一種普世價值。

什麼叫做普世價值？簡單來講，就是世人都已經普遍認同和接受的價值觀。但是，每一個時代都有自己那個時代的普世價值，很多我們習以為常、大家都覺得理所當然的普世價值，其實都是過去不知道有多少人一點一滴、非常費勁兒才爭取來的。而且，有很多普世價值也許目前在觀念上大家都已經能夠普遍接受，但實際上還未必能夠知行合一。比方說，人們現在不會公開說什麼「女人就是比男人差」、「女兒就是沒用」，但私底下也許還是有不少人一心一意就是想要一個兒子，或者當一男一女同時來爭取一個工作機會時，會毫不猶豫立刻就把機會給了男性……因此才會有很多人說，如果女性想在職場上出人頭地，往往必須付出雙倍以上的努力；也有人說，如果女性不結婚，她就幾乎可以做任何事。

「現在都什麼時代了?!」「現在都已經是二十一世紀了！」（相信過去一定也有很多人說「現在都已經是二十世紀了！」、「現在都已經是十九世紀了！」……）我們常常會聽到這樣的說法，說者無非都是有感於時代實在是進步得太慢，或者憤慨於很多老掉牙的觀念、文化中的糟粕，早就該丟到垃圾桶裡去，為什麼還陰魂不散的充塞在我們的生活當中呢？

不過，文明的進展從來都不是容易的，光是看看我們在這一卷中講述的關於英國憲政的發展，也許就會知道，很多時候，在爭取符合公理正義以及人性之善的普世價值時，除了堅定信心、努力不懈，恐怕也需要更多一點的耐心。

接觸歷史的基本修養之一，就是應該避免以今非古，不要輕率的用今天的觀念來嚴厲抨擊發生在過去、不能改變的事，而應該盡量多去了解一下當時的背景，與觀念的形成因果，並且還要盡量多從幾個不同的角度來了解，如此對於歷史才能有比較全面的認識和理解。

參考書目

1《世界通史》，王曾才／著，三民書局出版，二〇一八年五月增訂二版。

2《寫給年輕人的簡明世界史》，宮布利希／著，張榮昌／譯，商周出版，二〇一八年三月二版。

3《BBC 世界史》，安德魯・馬爾／著，邢科、汪輝／譯，遠足文化出版，二〇一八年九月二版。

4《世界史是走出來的》，島崎晉／著，黃建育／譯，商周出版，二〇一七年五月初版。

5《世界史年表》，李光欣／編，漢宇國際文化出版，二〇一五年八月初版。

6《西洋通史》，王德昭／著，商務印書館出版，二〇一七年五月初版。

7《西洋上古史》，劉增泉／著，五南圖書出版，二〇一五年八月初版。

8《從黎明到衰頹》上、下冊，巴森／著，鄭明萱／譯，貓頭鷹出版，二〇一八年二月四版。

9《西洋中古史》，王任光／編著，國立編譯館出版，二〇〇〇年八月初版。

10《文藝復興時代》，王任光／著，稻鄉出版，二〇〇二年十一月初版。

11《西洋近世史》，王曾才／編著，正中書局出版，二〇一二年四月三版。

12《西洋現代史》，王曾才／著，東華書局出版，二〇一三年六月七版。

13《西洋現代史》，羅伯特・帕克斯頓、朱莉・何偉／著，陳美君、陳美如／譯，聖智學習亞洲私人有限公司台灣分公司出版，二〇一六年十一月初版。

14《影響世界歷史 100 位名人》，麥克・哈特／著，趙梅等／譯，晨星出版，二〇〇〇年十二月初版。

15《中國通史》上、下冊，傅樂成／編著，大中國圖書出版，二〇一一年十月三十七版。

16《中國近代史》，薛化元／編著，三民書局出版，二〇一八年二月增訂七版。

17《中國現代史》，薛化元、李福鐘、潘光哲／編著，三民書局出版，二〇一六年二月增訂五版。

十畫

埃德薩 Edessa

庫爾蘭 Kurland

倫巴底同盟 Lombard League

馬可波羅 Marco Polo

特許狀 Charter

特權階級 Privileged class

十一畫

國會 Parliament

國家會議 National Assembly

基爾特 Guild

教師 Masters

教士特權 Benefit of clergy

教學許可狀 Licence to teach

教宗鮑尼法斯八世 Pope Boniface VIII

教宗格列哥里七世（或譯聖額我略七世）
Pope Gregory VII

教宗哈德良四世 Pope Hadrianus IV

教宗加利斯督二世 Pope Calixtus II

教宗克雷芒五世 Pope Clement V

教宗利奧九世 Pope Leo IX

教宗尼古拉斯二世 Pope Nicholas II

教宗烏爾班二世 Pope Urban II

教宗亞歷山大二世 Pope Alexander II

教宗亞歷山大三世 Pope Alexander III

教宗依諾增爵三世 Pope Innocent III

康士坦茲和約 Peace of Constance

清教派 Puritanism

堂區 Parish

堂區神父 Parish priest

條頓騎士團 the Teutonic Order

十二畫

斐波那契 Leonardo Fibonacci

華爾陀派 Waldensians

黃禍論 Yellow Peril

普斯科夫 Pskov

十三畫

愛沙尼亞 Esthonia

奧斯曼帝國 Ottoman Empire

奧斯曼一世 Osman I

道明會 Dominicans

塞爾柱土耳其人 the Seljuk Turks

聖道明 St. Dominic

聖殿騎士團 Knights Templar

聖方濟 St. Francis of Assisi

塔那羅河 Tanaro river

十四畫

慣例 Customs

漢撒聯盟 Hanseatic League

瑪蒂爾達女皇 Empress Matilda

蒙兀爾帝國（蒙古帝國） Mughal Empire

十五畫

德・孟德福 Simon de Montfort

模範國會 the Model Parliament

摩尼教 Manichaeism

熱那亞 Genoa

樞密院 Privy Council

十六畫

霍亨斯陶芬 Hohenstaufen

十七畫

戴安娜王妃 Diana Spencer

十八畫

薩拉丁 Saladin

薩拉丁什一稅 Saladin Tithe

醫院騎士團 Knights Hospitaller

騎士精神 Chivalry

十九畫

羅馬帝國皇帝亨利四世
Emperor Henry IV of Roman Empire

羅馬帝國皇帝亨利五世
Emperor Henry V of Roman Empire

羅馬帝國皇帝洛泰爾三世
Emperor Lothaire Ⅲ of Holy Roman Empire

羅馬帝國皇帝康拉德三世
Emperor Conrad III of Roman Empire

二十畫

懺悔 Penance

蘇石 Suger, Abbot of St. Denis

蘇格蘭王詹姆斯六世 James VI of Scotland

二十一畫

蘭尼米德 Runnymede

專有名詞中英對照

一畫

《一千零一夜》
One Thousand and One Nights

二畫

十字軍運動 the Crusades

三畫

大會議 Great council

大陪審團 Grand jury

大憲章 Magna Carta

下議院之父
Father of the House of Commons

小陪審團 Trial jury

四畫

巴比倫流亡 Babylonian Captivity

巴枯寧 Mikhail Alexandrovich Bakunin

巴塞隆納 Barcelona

方濟會 Franciscans

公法 Common Law

王廷祕書長 Chancellor

中等階級 Middle Class

五畫

白蘭雪 Blanche of Castile

比薩 Pisa

布文 Bouvines

加爾默爾會 Carmelites

卡諾沙 Canossa

卡斯提爾 Castile

牛津條款 Provisions of Oxford

主教座堂 Cathedrals

主教座堂神職團 Chapter

六畫

安茹王朝 House of Anjou

《百萬》 *LL Milione*

地域城邦 Territorial city-states

多里來昂 Dorylaion

多米加河 Domica river

吉白林 Ghibellines

列格尼察 Liegnitz

全國三級會議 Estates General

西里西亞 Cilicia

先例 Precedents

自由市 Free City

自治城或城邦 Communes 或 City-States

七畫

貝克特 Thomas Becket

貝桑松 Besançon

伽儂（法政、詠禮司鐸）canon

克拉倫頓憲章 the Constitutions of Clarendon

沃姆斯宗教協定 Concordat of Worms

希爾德布朗時代 Hildebrandine Age

八畫

亞克 Acre 或 Akko

亞奎丹 Aquitaine

亞奎丹公主艾莉諾 Eleanor of Aquitaine

亞維儂 Avignon

使徒生活 Apostolic life

彼得・華爾陀 Peter Waldo

拉丁帝國 Latin Empire

果爾弗 Guelf

法王腓力一世 Philip I of France

法王腓力二世 Philip II of France

法王腓力四世 Philip IV of France

法王路易六世 Louis VI of France

法王路易七世 Louis VII of France

法王路易九世 Louis IX of France

波美拉尼亞 Pomerania

知識之源（大學憲章）
the magna carta of University

金雀花王朝 House of Plantagenet

長弓 Long-bow

阿南伊罪行 Outrage of Anagni

阿爾拉齊 Muhammad ibn Zakariya al-Razi

九畫

威尼斯 Venice

威爾斯親王 Prince of Wales

拜占庭皇帝阿歷克塞一世
Emperor Alexius I of Byzantine

施瓦本公爵腓特烈
Duke Frederick V of Schwabia

查爾斯王子 Prince Charles of Wales

英王史提芬 King Stephen of England

英王亨利二世 King Henry II of England

英王威廉二世 King William II of England

英王理查一世（獅心理查）
King Richard I of England (the Lion-Hearted)

英王愛德華一世 King Edward I of England

英王詹姆斯一世 King James I of England

韋爾夫 Welf

神聖羅馬帝國皇帝腓特烈一世
Emperor Frederick I of Holy Roman Empire

神聖羅馬帝國皇帝腓特烈二世
Emperor Friedrich II of Holy Roman Empire

神聖羅馬帝國皇帝亨利六世
Emperor Henry VI of Holy Roman Empire

馬歇爾 William Marshal

崗底 Lothario Conti

蒙高未諾 John of Monte Corvino

XBLH0005

少年愛讀世界史 卷 5
上古史Ⅱ 十字　東征的時代

作者｜管家琪

字畝文化創意有限公司
社長｜馮季眉　編輯總監｜周惠玲　編輯｜戴鈺娟、徐子茹、許雅筑、陳曉慈　行銷編輯｜洪絹
全套資料顧問｜劉伯理　歷史學習單元撰文｜曹若梅　特約圖片編輯｜陳珮萱
人物漫畫｜劉 婷　地圖繪製｜廖于涵　美術設計｜黃子欽　封面設計｜Joe Huang

讀書共和國出版集團
社長｜郭重興　發行人兼出版總監｜曾大福
業務平臺總經理｜李雪麗　業務平臺副總經理｜李復民
實體通路協理｜林詩富　網路暨海外通路協理｜張鑫鋒　特販通路協理｜陳綺瑩
印務經理｜黃禮賢　印務主任｜李孟儒

發行｜遠足文化事業股份有限公司
地址｜ 231 新北市新店區民權路 108-2 號 9 樓
電話｜ (02)2218-1417　傳真｜ (02)8667-1065
電子信箱｜ service@bookrep.com.tw　網址｜ www.bookrep.com.tw

法律顧問｜華洋法律事務所　蘇文生律師
製版｜軒承彩色印刷製版公司　印製｜通南彩色印刷公司

2021 年 5 月　初版一刷　定價：420 元
書號：XBLH0005
ISBN：978-986-5505-63-9

國家圖書館出版品預行編目 (CIP) 資料
少年愛讀世界史 . 卷 5, 中古史 . II：十字軍
東征的時代 / 管家琪著 . -- 初版 . -- 新北市
: 字畝文化出版 : 遠足文化事業股份有限公
司發行 , 2021.05
面； 公分
ISBN 978-986-5505-63-9(平裝)
1. 世界史 2. 通俗作品
711　110004197